Ursula M. Simon Karsch é professora do Programa de Estudos Pós-Graduados em Serviço Social da PUC-SP. É doutora, mestre em Serviço Social e mestre em Saúde Pública. Tem diversos trabalhos publicados nas áreas de Serviço Social, Saúde Pública, Administração de Recursos Humanos e Acidentes do Trabalho.

Dados de Catalogação na Publicação (CIP) Internacional
(Câmara Brasileira do Livro, SP, Brasil)

Karsch, Ursula M. Simon
K27s O serviço social na era dos serviços / Ursula M. Simon Karsch. – São Paulo : Cortez, 1989.

Bibliografia
ISBN 85-249-0089-X

1. Serviço Social 2. Serviço Social – Aspectos políticos 3. Serviço social – Filosofia 4. Serviço social como profissão I. Título.

CDD-361
-361.001
-361.301
87-0812 -361.3023

Índices para catálogo sistemático:

1. Serviço social 361
2. Serviço social : Teoria 361.001
3. Serviço social como profissão 361.3023
4. Serviço social e política 361.301

Ursula M. Simon Karsch

O Serviço Social na Era dos SERVIÇOS

2. Edição

CORTEZ EDITORA

O SERVIÇO SOCIAL NA ERA DOS SERVIÇOS
Ursula M. Simon Karsch

Conselho editorial: Ademir Alves Silva, Dilsea Adeodata Bonetti, Elizabeth de Melo Rico, Marilda Villela Iamamoto, Nobuco Kameyama, Raul de Carvalho e Regina Giffoni Marsíglia.

Capa: Paulo F. Leite
Produção editorial: José Aparecido Cardoso
Produção gráfica: Ciça Corrêa
Revisão: Suely Bastos
Supervisão editorial: Antonio de Paulo Silva

Direitos para esta edição
CORTEZ EDITORA
Rua Bartira, 387 – Tel (011) 864-0111
05009 – São Paulo – SP

Impresso no Brasil – 1989

. . . para o capitalismo o que importa não é determinada forma de trabalho, mas sua forma social . . .

Assim, os próprios serviços sociais, que deveriam facilitar a vida social e a solidariedade social, têm o efeito contrário.

Harry Braverman

Para

Aldaíza de Oliveira Sposati e
Maria Lúcia Martinelli

Sumário

Apresentação

Este é um texto que revela uma reflexão madura sobre o serviço social por parte de quem é assistente social e militou na área de serviços e na área acadêmica. O esforço aqui presente é o de buscar, através de uma reflexão crítica, corajosa, e por vezes até impiedosa, reconhecer o campo específico do conhecimento e da prática do serviço social na atual conjuntura de nossa sociedade, marcada pela hegemonia do grande capital e por um processo de deslegitimação dos movimentos sociais por parte do próprio Estado.

Mas nessa busca a autora é levada a enfrentar vários desafios, daí o texto apresentar um fluxo permanente entre uma crítica interna e uma crítica externa ao próprio serviço social. Desafios esses que foram por ela enfrentados, inclusive num confronto aberto ao corporativismo, mas que lhe trazem alguns problemas, não por deficiência de sua análise, mas pelo próprio objetivo a que se propôs.

É o caso do marco teórico: ao analisar o serviço social na era da terceirização da sociedade capitalista — no quadro do capitalismo e do capital internacional, e no interior do quadro organizacional —, a autora é levada a lançar mão de diferentes marcos teóricos — marxista, funcionalista (sobretudo da sociologia das organizações) — e poder-se-ia até dela ser cobrada a ausência da sociologia compreensiva, na medida em que analisa também a ação efetiva dos agentes e do sentido que eles imprimem à sua ação, para não mencionar o desenvolvimento da análise da burocracia. Poder-se-ia até perguntar: e por que não Foucault?

Longe de uma miscelânia teórica, o texto revela a opção pelo ecletismo no marco teórico, porém não incauto: a questão é complexa, pouco ou quase nada presente na literatura específica, e ao fluxo do movimento interno-externo da análise, iterpõe-se um outro, o do nível macro e o do micro, na busca pertinaz da identidade do serviço social até no âmbito do micropoder no tecido social.

Um dos grandes méritos do texto, e o que lhe imprime a qualidade de ser um trabalho extremamente instigante, reside exatamente na busca da identidade do serviço social *como serviço,* a partir da prática concreta dos agentes, assistentes sociais, jamais reduzindo-a a uma prática institucional entendida na concepção empobrecida — porque restritiva — de prática profissional, ou, se não pior, de uma prática social que teria seu sentido dado tão-somente pelo conjunto das demais práticas. E é exatamente com essa ordem de preocupações que a autora detecta uma indefinição, por parte dos profissionais, do seu objeto de trabalho, do seu campo de competência, e a fragilidade — para não dizer ausência — de um marco teórico, instrumental para reflexão.

Percorrido o trabalho, fica a questão: será que é possível, a partir dos elementos que a autora apresenta e a partir do marco teórico que lhe define uma perspectiva de análise, uma visão crítica que redunde na construção da identidade própria do serviço social? Ou, vista de outra perspectiva: é possível ao serviço social, apreendido da ótica do padrão de prática profissional dos assistentes sociais, se libertar de seu caráter prescritivo e normativo — do "nós" invisível que a autora aponta —, ou será que a identidade do serviço social, por menos que agrade, não está mesmo na sua alteridade? Não será porque trabalha com a fala e não com os fatos — a não ser a genérica carência fracionada individualmente por cada cliente — ser próprio do serviço social que seu campo e seu sentido político ("utilidade política" para utilizar uma expressão da autora) careçam de uma especificidade interna própria?

Resta, porém, uma certeza: (re)pensar hoje o serviço social demanda com urgência que se transponham os limites de sua reflexão da questão moral e ética para a social e política. Parece-me ser esse o esforço da autora.

Amélia Cohn

Introdução

Neste estudo, o serviço social — enquanto prática profissional instituída na sociedade brasileira[1] — é discutido como "serviço", ou seja, a forma organizacional em que se encontra nas instituições que configuram a sociedade urbano-industrial no Brasil. Parte-se do pressuposto de que a existência e a permanência do serviço social instituído, e a crescente multiplicidade das suas formas de organização, decorreram da "terceirização"[2] constante da economia e da so-

1. Lei n.º 3.252, de 27 de agosto de 1957: Regulamenta o exercício da profissão de assistente social.

Decreto n.º 994, de 15 de maio de 1962: Regulamenta a Lei n.º 3.252, de 27 de agosto de 1957, que dispõe sobre o exercício da profissão de assistente social.

2. A esse respeito Fourastié (1973: 250), citando Colin Clark (1940), se refere, na divisão de mão-de-obra, aos setores primário, secundário e terciário, "convencionando introduzir no setor primário a agricultura, a pesca, a caça e as florestas; englobar no setor secundário as indústrias extrativas e de transformação, a construção e as obras públicas e o setor água — gás — eletricidade. Por fim, designa pelo nome de terciárias todas as demais atividades que não são secundárias nem primárias, ou seja, principalmente, os serviços de distribuição (transportes, comércio), a administração pública e todas as atividades que não têm por objetivo elaborar uma produção física".

ciedade, particularmente nos grandes centros urbanos.[3] Nota-se, cada vez mais, que a sociedade, no crescimento e complexidade que desenvolve, se organiza através de serviços que vão emitindo as respostas institucionais ao atendimento das necessidades da população. Hoje é possível afirmar que, à medida que as necessidades sociais se modificam, transformam-se os modos de atendê-las, e é aí que se abre um leque de possibilidades de análise dos modos e formas organizacionais que adquirem.

A produção não-material vem ocupando, cada vez mais, uma proporção crescente da população ativa e muitas explicações são dadas para se compreender o aumento quantitativo dessa tendência da distribuição de mão-de-obra.[4] Parece inegável que o aumento populacional e as desigualdades sociais, especialmente nos países subdesenvolvidos, assim como a organização da máquina do Estado — principalmente nos países onde a contradição capital-trabalho se desenvolve nos mais variados mecanismos de selvageria —, são razões para organizar e reorganizar continuamente os serviços de controle, produção e consumo.[5]

---

3. Afirma Singer (s.d.: 129) a propósito das "áreas metropolitanas" que, "na configuração urbana típica, o centro metropolitano é formado por um conjunto de serviços de controle — atividades políticas (executivas, legislativas, judiciais), religiosas, financeiras, sindicais, de informática, fiscais, etc. — ao redor das quais se organizam outros serviços que atendem necessidades da população (escolas, hospitais, cinemas, centros de cultura e de lazer)".

4. Encontra-se em Naville (1973: 174-5) a observação sobre as forças humanas produtivas na sociedade: "...no sentido mais geral, toda atividade produz alguma coisa; mas a atividade não é idêntica ao trabalho. Como função social, o trabalho é uma atividade específica, que engendra valores (bens ou serviços) suscetíveis de servirem à própria produção, à troca ou ao consumo, no qual se dissipam. Não obstante, os serviços e trabalhos intelectuais, em particular, não se poderão realizar se não tiverem sido produzidos os bens materiais necessários à sua execução".

5. Em Singer (s.d.: 132) encontra-se uma relação entre o capitalismo e os serviços: "É preciso considerar ainda que a sociedade capitalista contemporânea multiplicou as contradições sociais, desde conflitos políticos e choques entre as classes até conflitos intrafamiliares e enfermidades

Por um lado, o movimento da sociedade modifica constantemente o processo produtivo, reduzindo muitas vezes, nos setores primário e secundário, o contingente de trabalho; de outro lado, verifica-se o surgimento incessante de novos produtos, bens ou serviços úteis às necessidades básicas e às novas necessidades desenvolvidas pelos homens em sua trajetória histórica. Tais fatores causam, incontrolavelmente, uma expansão do setor terciário. Esse fato tem suscitado novos estudos que visam a compreensão da sociedade capitalista nos espaços que cria para se manter. Sem, necessariamente, tentar resolver seus conflitos, buscam-se organizações de controle para o atendimento das conseqüências nefastas do desenvolvimento desordenado dessa sociedade.

A opinião pública, hoje tão informada a respeito das questões alarmantes que despontam a cada momento e que, rapidamente, tomam proporções assustadoras — como a violência de todos os tipos, as novas doenças, as grandes catástrofes, a pobreza e a miséria desmedida —, se espanta com o crescente déficit público, com o alto custo dos serviços disponíveis no mercado e com a diversidade de setores e instituições cujas funções são pouco conhecidas.

A terceirização da sociedade é, portanto, um grande espaço para análises, e no Brasil — onde traços econômicos e sociais marcam profundamente sua identidade de país subdesenvolvido, como a polarização interna da distribuição de renda, o processo cumulativo da diminuição de produto por habitante e a minguada capacidade de investimento *per capita* por ano — não há como buscar a compreensão de alguns enigmas, se não for enfrentada a questão dos serviços: onde

---

psicossomáticas e funcionais. Há uma forte tendência de se desenvolverem serviços de controle dessas contradições: partidos políticos, sindicatos patronais e de empregados, juntas de conciliação e de arbitragem, variados aparelhos policiais, serviços de assistência social, de aconselhamento conjugal, psiquiátricos, estatísticos, de planejamento, etc., sem falar na multiplicação de religiões, seitas, cultos, centros de aperfeiçoamento físico, espiritual e assim por diante. Tudo isso faz parte desta dinâmica que se convencionou chamar de 'terceirização' da economia e da sociedade".

estão, a quem servem e como se organizam no mundo institucional.

Particularmente, interessa aqui estudar o serviço social, não com a preocupação de especificá-lo ou produzir conhecimentos sobre a propriedade de seus métodos ou técnicas; porém, muito mais, com o objetivo de abrir uma perspectiva de compreendê-lo na sua articulação com o todo social, o que equivale a vê-lo como serviço cuja função é atender às expectativas e necessidades da sociedade.

Concentra-se, assim, a atenção sobre o processo segundo o qual o serviço social se constitui num repertório de práticas de herança cumulativa, que apresenta sempre aspectos persistentes, sem alcançar transformações radicais na sua concepção original. Novas propostas alternativas são absorvidas, na medida em que, sendo praticadas nas formas de cooperação, acabam por atender à função administrativa, quando subordinadas às finalidades do processo produtivo e aos objetivos da máquina burocrática.

O significado dessa constante mutação não constitui uma fragilidade na concepção do que vem a ser o serviço social, substancialmente, como prática profissional; pode-se afirmar, no entanto, que o estigma que marca o trabalho do assistente social já foi produzido na sua própria concepção original, desde o momento em que se pretendeu, com ele, "adaptar a beneficência eficaz à vida moderna resultante da industrialização e do aumento da população" (Richmond, 1950: XXI). Foi-lhe, então, conferido um caráter mutável e inespecífico, a não ser no que se refere ao seu cliente: o homem carente na sociedade de classes. Assim caracterizado, o serviço social cumpre implacavelmente a sua sina de "serviço de controle", que acompanha a multiplicação dos antagonismos sociais e o aprofundamento das contradições substanciais da sociedade. "Antigamente eram as classes dominantes que tinham a incumbência de manipular contradições mediante o exercício do poder, do comando militar, da magistratura e do sacerdócio. Mas estas atividades estavam acima e fora da divisão social do trabalho. No capitalismo monopolista a tendência é profissionalizar estas atividades — criam-se aparelhos burocráticos e organizações econômicas que prestam serviços de controle."[6]

É neste ponto que o serviço social, dependendo da organização social em que se encontra e onde exerce a sua função social, sofre as conseqüências da sua condição de serviço, assumindo competências até muito importantes como entidade gestora de estratégias administrativas e políticas. Mas o seu comportamento só é explicável com um exame detalhado de suas atribuições na conformação organizacional em que se localiza, e analisado sob a ótica da lógica do capital e do Estado.

Para dar conta da análise pretendida, o estudo se estrutura de tal modo que a noção de "serviço" introduz o conceito necessário para acompanhar a análise dos capítulos seguintes. Da condição de serviço para um modo particular de burocracia no mundo da grande empresa transnacional, em seguida, inserido na relação capital-Estado, já então como serviço estatal, atendendo à mão-de-obra acidentada no processo produtivo, o serviço social se desvela sob diferentes perspectivas. Conforme o exame da literatura específica outro teor se manifesta: o discurso teórico supõe uma autonomia do serviço social em relação à lógica organizacional em que se encontra instalado e exerce sua função social.

Este estudo, na verdade, abrange duas vertentes: a primeira, centrada nas atividades dos assistentes sociais, e a segunda, orientada para os modos de representação dessas atividades. Dois serviços foram pesquisados: um departamento de serviço social de empresa em 1983, e um setor de serviço social estatal em 1984. Ambos foram visitados diver-

---

6. Singer (s.d.: 135) prossegue dizendo que "na medida em que na sociedade capitalista moderna as contradições não são meramente resolvidas ou suprimidas, mas basicamente manipuladas e 'absorvidas', é natural que o seu controle requeira atividades remuneradas que, em sua aparência, se confundem com o resto da atividade econômica e passam a ocupar uma parcela crescente da população ativa".

sas vezes e os depoimentos dos assistentes sociais, acrescidos da documentação institucional, serviram de subsídios para a análise. Aos poucos foi sendo caracterizada a condição de serviço, articulada na dinâmica organizacional, resguardadas as diferenças quando o serviço estava inserido na estrutura privada ou na pública. Em seguida tratou-se de examinar uma parte da literatura de serviço social publicada nas décadas de 70 e 80, buscando-se "visões" ou "interpretações" realizadas por autores a propósito do serviço social nas organizações. Notou-se que os escritos de serviço social contêm o mesmo estilo prescritivo das normas que orientam a atuação profissional, descolado das condições reais e das relações sociais de produção.

Os documentos examinados nas organizações foram os manuais e as diretrizes para o serviço social, os prontuários e os relatórios das atividades. Parece que os assistentes sociais, tanto ao escreverem a sua produção teórica como ao representarem a sua prática, privilegiam os objetivos profissionais e ocultam os objetivos institucionais. Mas isso será matéria de uma análise mais detalhada.

Para examinar o movimento de um departamento de serviço social numa empresa optou-se por visitar um serviço que existia há mais de quinze anos. Foi possível, então, detectar na sua história as diferentes atividades e propostas articuladas com as políticas internas decorrentes das oscilações do mercado de trocas. Para compreender melhor a realidade da empresa procurou-se conhecer os diversos setores produtivos e entrevistou-se, por muitas horas, a assistente social chefe do departamento desde 1966. Nessa oportunidade, outras assistentes sociais foram ouvidas nos seus comentários, enquanto acompanhavam a visita a instalações da usina (setores de laminação, altos-fornos, baixos-fornos, aciaria, trefilaria e cantina). A conversa foi redigida durante os depoimentos e revista em seguida, procurando-se garantir a fiel reprodução do que foi dito.

Para ilustrar os depoimentos, estudou-se a documentação fornecida: o manual do empregado; os relatórios anuais da cooperativa de crédito mútuo dos empregados; o levantamento das atividades do departamento de serviço social de 1966 a 1982; as pesquisas realizadas referentes a afastamentos havidos na empresa; os organogramas da empresa, e, especificamente, do departamento de recursos humanos (dezembro de 1982); e os projetos e subprojetos que orientavam a atuação do serviço social na empresa em todos os anos anteriores.

A visita foi realizada em julho de 1983. Posteriormente, por ocasião da redação do estudo, a utilização de material atualizado — portarias da diretoria da empresa, jornal interno da empresa, os conteúdos da revista "Exame" (edição especial, setembro 1985) — permitiu uma compreensão melhor da dinâmica relatada.

A investigação feita para compor a parte que analisa o trabalho dos assistentes sociais na instituição governamental pode ser considerada um subproduto de duas pesquisas realizadas no Centro de Reabilitação Profissional do INPS, situado na capital de São Paulo. A primeira, sobre o acidente do trabalho, foi solicitada pela Comissão de Justiça e Paz da Arquidiocese de São Paulo e realizada no Centro de Estudos de Cultura Contemporânea — CEDEC (Cohn *et alii*, 1985a). A segunda foi decorrente de um projeto cujo objetivo era analisar a prática institucional no mesmo centro de reabilitação e sua relação com a realidade da clientela e seu universo de representação (Cohn *et alii*, 1985b). Essa última pesquisa foi realizada pela mesma equipe da primeira, através da leitura minuciosa dos prontuários da clientela e de entrevistas com os técnicos profissionais que trabalham no CRP. Foi nessa oportunidade que os profissionais de serviço social da instituição foram entrevistados, predominantemente, para esse estudo, com a autorização expressa da coordenadora da pesquisa.

A literatura examinada faz parte do acervo bibliográfico profissional. Para introduzir o pensamento profissional atual fez-se a releitura do chamado Movimento de Reconceituação Latino-Americano, em alguns textos considerados relevantes para esse "ciclo" que ficou caracterizado como uma revisão conceitual do serviço social nos anos 70. A partir dessa introdução, selecionou-se alguns textos que, atualmente, são lidos pelos assistentes sociais na busca de uma "visão mais realista" da prática profissional. Pretendeu-se apreender no momento presente o que a literatura profissional oferece, e procurar, nos livros mais atraentes para os assistentes sociais, as visões, interpretações ou definições do serviço social como serviço na sociedade. Importa, portanto, nessa análise, encontrar os pressupostos que conduzem às formulações sobre o que seja o serviço social no Brasil hoje.

Como professora, não foi possível deixar de tentar uma análise crítica desse material, em face das questões levantadas neste trabalho.

Nesses termos, cabe aqui ainda um esclarecimento: o processo para a elaboração e redação desse estudo durou praticamente cinco anos. Nesse período, cumprindo o plano de estudos do doutorado do Programa de Estudos Pós-Graduados em Serviço Social na PUC-SP de 1981 a 1986, foram realizados cursos, redigidos trabalhos, publicados artigos, e as idéias foram amadurecendo. Como estagiária primeiro, e, posteriormente, como pesquisadora, a autora participou de duas pesquisas importantes realizadas no CEDEC. Durante essas pesquisas, foi possível conhecer melhor a atividade dos assistentes sociais em uma instituição pública e utilizar os dados para as reflexões sobre o exercício profissional. A importância, talvez, que tiveram esses compromissos, além de viabilizar a experiência em pesquisa, foi conhecer o trabalho de assistentes sociais através e com a ajuda de outros profissionais, no caso, dois sociólogos e um economista.

É preciso ressaltar, também, que a orientação segura do Prof. Evaldo Amaro Vieira permitiu refletir, com maior objetividade, os problemas de uma profissão que é a da autora, e que, por isso mesmo, sempre a preocupou. É preciso dizer, ainda, que a crítica, no caso, é quase uma autocrítica, na medida em que muito o que aqui é dito, só o é porque vinte anos de exercício profissional precederam essas reflexões.

Finalmente, é preciso dizer que, nos anos que transcorreram desde o momento em que foi dado início à redação desse trabalho, a execução do projeto sofreu pequenas alterações. Nesse tempo, também, as entidades pesquisadas, possivelmente, foram superando algumas situações que são descritas neste estudo. É preciso sempre lembrar que, tanto a empresa, como qualquer aparelho estatal, se modificam em alguns aspectos, não nos necessariamente essenciais, mas nos que se referem às suas reformulações administrativas.

Se as pesquisas fossem realizadas hoje, provavelmente o quadro poderia ser outro. Mas a intenção desse trabalho não é refletir a problemática institucional exatamente, como numa fotografia, mas explicar, dinamicamente, como é que o movimento das organizações se dá e como isso atinge o serviço social, no seu exercício profissional.

Não era possível prever, entretanto, como se configuraria o produto final dessas análises. A certeza quanto ao objeto e aos objetivos permaneceu durante todo o tempo levado nas investigações dos materiais. O suporte teórico permeia constantemente a reflexão, tanto no tratamento dos dados empíricos, quanto no exame da literatura. As constantes explicações foram dando corpo ao texto e surgiam novas hipóteses que sugeriam o aprofundamento de mais aspectos. Finalmente, a estrutura tomou forma: na primeira parte, encontram-se os capítulos redigidos após o exame dos dados empíricos. Esses capítulos comportam as diferentes etapas de investigação.

A concepção de serviço na sociedade moderna e a burocracia que nele se instala vão se clareando na medida em que, através de serviços, funções administrativas não-declaradas são exercidas nas organizações, e isso ocorre tanto nas empresas como nas instituições governamentais. A existência ou não dos serviços dentro dos organogramas é um dos pontos centrais das teorias administrativas e das premissas ideológicas que alimentam as construções teóricas que informam os administradores. A lei do mercado modifica as políticas internas, e, conseqüentemente, as estratégias administrativas ficam submetidas a constantes flutuações. A cooperação desenvolvida e complexa que se efetiva na grande empresa, segundo modernos preceitos da teoria administrativa, não é formal, prescrita por um modelo. Ela é movimento subordinado às curvas do mercado. No caso do departamento de serviço social da empresa, estuda-se uma história de muitos anos de existência, através da qual se vislumbra o modo como atribuições e posições dos assistentes sociais acompanham esses movimentos.

Procura-se, a seguir, mostrar que o processo produtivo, que se estende para além dos muros das empresas, continua oferecendo espaços para a atuação de assistentes sociais. Tão logo a mão-de-obra não possa mais servir diretamente à produção, o Estado, através do sistema previdenciário, assume em suas instituições a tutela da mão-de-obra mutilada e incapacitada na empresa. Aí o serviço social se instala para conduzir uma etapa obrigatória para a decisão final do sistema sobre a condição do segurado: seu retorno à atividade produtiva ou sua aposentadoria. Nesse espaço de ação os assistentes sociais, como agentes privilegiados de equipes multiprofissionais, desenvolvem uma cultura própria, na qual se identificam traços corporativistas e burocráticos que se complementam mutuamente. O compromisso do profissional com o trabalhador subordina-se aos conflitos internos e às disputas pelo poder interprofissional. Parece que isso é favorecido pela própria condição de serviço público que, supostamente, propicia comportamentos mais autônomos dos profissionais.

O prestígio profissional do assistente social só se realiza nas instituições em que trabalha. Se na sociedade não há reconhecimento do seu papel e habilidade profissional, é nas instituições que ele busca esse reconhecimento. Como profissional capacitado no exercício dos relacionamentos, é ele quem mais habilmente maneja a aplicação das normas institucionais. Mas isso o confunde ao expressar os objetivos e funções profissionais. Os critérios de eficácia e de burocracia ficam difusos e confusos, quando os assistentes sociais explicam o que fazem. Entretanto, o cliente é a fonte legitimadora da existência desse profissional e do seu prestígio dentro do espaço organizacional. Ao subordinar-se ao assistente social, o cliente sente que o profissional é útil às suas necessidades e, portanto, eficaz nessa relação. É esse relacionamento, através da própria burocracia, que passa a ser útil às organizações e às políticas sociais que emitem, propiciando o surgimento de novas instituições para novos sintomas da miséria na sociedade.

Esses são os aspectos predominantes na presente investigação que motivaram o exame de textos da literatura profissional escritos mais recentemente. A inquietação que levou à leitura de alguns autores de serviço social decorreu da multiplicidade dos aspectos encontrados na análise dos dados concretos. Colocou-se, então, como problema, indagar quais os dilemas profissionais que a intelectualidade da categoria profissional enfrenta e como os resolve. Nesses termos, optou-se por uma análise dos conteúdos a partir de um prisma que sugere o debate entre a adesão e a rejeição de interpretações da realidade e que, necessariamente, ocorrem no plano das idéias dos autores e dos grupos aos quais pertencem.

Cabe assinalar ainda que este trabalho foi apresentado em forma de tese de doutorado na Pontifícia Universidade Católica de São Paulo, em dezembro de 1986, quando foi argüido por banca formada pelos professores: Amélia Cohn, Fernando Prestes Motta, Suzana Rocha Medeiros, Evaldo Amaro Vieira e Nobuco Kameyama.

Muitos amigos e alunos acompanharam as fases de elaboração do trabalho: a eles o agradecimento pela espontaneidade e pelo carinho. Especialmente, contudo, é preciso agradecer às colegas assistentes sociais que forneceram os depoimentos sobre o seu trabalho cotidiano e os documentos usados na análise, sem os quais nada teria sido possível.

Finalmente, àqueles que, em casa, sofreram diretamente os efeitos desse processo de gestação, uma palavra emocionada: muito obrigada.

PRIMEIRA PARTE

A condição de serviço e as formas do Serviço Social

Capítulo I

Os serviços e a burocracia dos serviços

Cada vez mais o conceito de serviço se amplia e é preciso, então, tratá-lo de modo a permitir uma construção teórica capaz de orientar as análises dos dados da realidade examinada.

Aparentemente, "serviço" é prestação de serviço, portanto, atividade útil, valor de uso. Mas a questão da utilidade termina em si mesma, pois vai desde a satisfação das necessidades básicas do homem até toda e qualquer necessidade gerada pelas formas de adaptação, realização ou exigência de vida numa sociedade. Servir a pessoas, servir a processos, servir à produção, servir a grupos ou servir à sociedade confundem-se, porque a tendência é avaliar o serviço pela atividade que cumpre, pelo seu conteúdo, pelo que faz e como o faz. Fica difícil pretender definir serviço pela homogeneização de atividades, sem recuperar conceitos sobre os ciclos econômicos, as formas do capital e as mudanças ocorridas no interior do próprio sistema capitalista, como a passagem do capitalismo competitivo para o capitalismo monopolista.

O critério de trabalho produtivo e trabalho improdutivo de Marx (1975: 93), embora facilite a compreensão da metamorfose que se opera nas condições em que o serviço é prestado, subordinando-o ao movimento do capital, já não é definitivo, nem suficientemente claro, porque o papel dos serviços prestados pelo Estado não pode ser totalmente descolado das relações de produção, nem pode ser omitida a consideração da questão do excedente econômico, seja em forma de mais-valia ou como índice de produtividade e riqueza de uma sociedade.

Além da conceituação de serviço como mecanismo produtivo do capital monopolista e, conseqüentemente, marcando sua presença na divisão social do trabalho, os serviços se comportam, nas organizações onde se situam, de modo peculiar e configuram certa especificidade administrativa, que parece apontar para um tipo de "cultura administrativa", entendida aqui como modo de vida.

Nessa cultura administrativa, alguns elementos fundamentais se transformam, como a autoridade, a responsabilidade, o controle e a avaliação, as atribuições, o tipo de decisões e as prioridades, além da centralização e descentralização administrativa. Em termos mais genéricos, os serviços exercem a função social de controle de diretrizes do capital e do Estado, muito embora não se consiga ter a noção do custo desse controle. Esse prisma do problema desencadeia um constante movimento de emersão e submersão: os serviços surgem e desaparecem, modificam-se ou ampliam-se, em conseqüência de modificações tecnológicas ou ideológicas, com custos nunca claramente mensuráveis, mas em dependência absoluta da composição e do destino do excedente e da sua magnitude. Sob esse aspecto, os serviços "burocratizam-se" num ato contínuo; exigem no seu processo de organização detalhes técnicos cada vez mais específicos, a fim de que atendam aos interesses do poder e à orientação que esse imprime aos mecanismos que instaura para a obtenção de seus objetivos. A própria tendência oposta de "desburocratização"[1] — entendida como desvirtuamento dos caracteres específicos da burocracia, ou seja, desobediência às

1. Cf. Eisenstadt (1978: 85) sobre o desequilíbrio entre autonomia profissional e controle social.

normas instituídas e sua conseqüente modificação, tanto para uma ruptura com sistemas disciplinares anteriores, quanto por uma ampliação da autonomia decisória no mesmo sistema — aumenta de tal modo o número de instâncias administrativas, atividades burocráticas e formas de atendimento ao público usuário, que a expansão do serviço e da máquina que os realiza é cada vez menos controlável. Nesses termos, até as diferentes formas de participação nas estruturas de poder, seja na empresa do capital ou do Estado, criam novas instâncias burocráticas, conselhos, comissões, ou assembléias que, além de interromperem o ritmo do processo de trabalho, procuram transformar a cultura instituída, criando alterações na organização do processo do trabalho.

Essas reflexões suscitaram a formulação de algumas hipóteses que orientarão os fundamentos teóricos da análise posterior:

1. em primeiro lugar, os serviços não podem mais ser entendidos como um setor específico na divisão social do trabalho, de tão articuladas que estão as suas formas de produção social com as relações sociais na sociedade;
2. por causa de sua produção incorpórea, os serviços são administrados de modo singular, desafiando os pressupostos racionais da eficácia e da eficiência, e respondem mais aos objetivos principais das instituições da sociedade do que aos próprios objetivos como atividade social;
3. isso faz com que os serviços, em condições históricas concretas, desenvolvam uma cultura própria, conforme articulam a sua produção nas relações sociais; tal cultura se expressa através da aceitação dos valores que a sociedade legitima, e assume uma lógica política que os organiza e justifica.

As hipóteses, portanto, procuram desencadear o raciocínio de que os serviços têm traços próprios, marcados pela sua formação organizacional, pelo seu estatuto ideológico e por suas funções no circuito de acumulação do capital no modelo monopolista; descartam, porém, a possibilidade de que essas características permitem a identificação de um critério claro de divisão social do trabalho, ultrapassando a idéia originária de trabalho produtivo e de trabalho improdutivo.[2]

Mesmo porque, se o setor terciário gera valores de produção através dos serviços que presta ao setor secundário, ver-se-á que constitui um segmento da economia no mínimo tão produtivo como o secundário.[3]

E a população ativa que aí realiza atividades potencialmente improdutivas ou incidentalmente vinculadas ao processo produtivo não pode ser classificada como mão-de-obra

---

2. Trabalho produtivo está sempre em oposição a trabalho improdutivo. Desde Adam Smith, esses conceitos são discutidos. Segundo Napoleoni em "Lições sobre o capítulo sexto (inédito) de Marx" (1981: 98/9): "Trabalho produtivo é, evidentemente, o trabalho que produz. Mas o que é que o trabalho produz quando se encontra em situação capitalista? Produz o produto específico dessa situação. Qual é esse produto específico? É a mais-valia. Portanto, trabalho que não produz mais-valia é trabalho não-produtivo, no sentido de que não produz, ou seja, não produz nada que seja relevante na situação historicamente dada. Qual é o único produto relevante nessa situação histórica dada? Não, certamente, as coisas úteis enquanto úteis. A única coisa relevante na situação dada é a mais-valia. Portanto improdutivo seria não o trabalho que produz, mas o que não produz mais-valia".

Ver também Naville (1973: 174-5) segundo o qual "Improdutivos (embora possam ser úteis e até indispensáveis) são os trabalhos que não concorrem diretamente para a produção de valores (no sentido econômico)".

3. Cf. Oliveira (s.d.: 147): "Porque, do ponto de vista das relações internacionais, c Terciário funciona como divisão social do trabalho da circulação e da distribuição, e a utilização massiva de mão-de-obra nesses serviços responde a uma necessidade do processo de acumulação nessa etapa: a de não competir com os fundos de acumulação destinados à atividade principal, contribuindo para afastar o espectro da queda tendencial da taxa de lucro". No mesmo texto (s.d.: 148), "... por sobre o antigo Terciário, destinado a sustentar as funções de circulação e distribuição dos bens exportadores, cria-se agora um Terciário, cuja função é sustentar a expressão urbana dos processos de industrialização".

improdutiva, em que pese o critério de Marx de só considerar produtivos os serviços subordinados diretamente ao movimento do capital.

Na grande empresa, as combinações sociais do processo de trabalho não param de se modificar. Mas nem sempre é oportuno investir o excedente em novas máquinas para substituir o equipamento antigo. Subordinada ao critério permanente da maximização dos lucros, a empresa, às vezes, prefere modificar o ritmo do trabalho coletivo, introduzindo serviços de estímulo aos recursos humanos que, por não serem essenciais à produção, podem ser introduzidos e retirados sem grandes modificações no processo, sempre com a intenção de adiar ao máximo a reposição das máquinas e das técnicas (Baran & Sweezy, 1978: 85-116).

Os serviços internos de economia de desempenho ou de controle de diretrizes exercem suas atividades para garantir um equilíbrio entre o homem e a máquina, seja através de estratégias de gestão ou através de controle do processo produtivo. Colocados, nas empresas, como departamentos de serviços para facilitar o funcionamento dos departamentos de linha e de assessoria, os serviços entram e saem dos organogramas. O crescimento da organização, a revisão das competências e a conseqüente mudança na divisão interna do trabalho desencadeiam uma contínua modificação na localização departamental desses serviços, que passam a funcionar ora como atividades de suporte dentro do setor de produção, ora como atividades independentes, organizadas em departamentos funcionais, ora, ainda, como departamentos especializados e centralizados, exercendo autoridade funcional sobre as unidades descentralizadas.

É o tamanho da empresa que vai determinar a necessidade de novas combinações do processo de trabalho, porque o número de funcionários configura a clientela dos serviços desse tipo. Só se justifica um departamento de pessoal se houver muitos operários, assim como só tem razão de existir um refeitório, se o ritmo da produção não puder parar e se for possível estabelecer um sistema de revezamento à máquina e à mesa.

O grau de concentração dos serviços de controle, no interior de uma empresa, depende da política de investimento do excedente, constituindo-se nos custos necessários da produção. Mesmo que seus resultados sejam marcados pelas aparências de maior produtividade, é muito difícil chegar a estimativas sobre a utilidade do serviço instituído. O que se verifica é que os serviços nas empresas tornam-se socialmente necessários, com os seus custos literalmente incluídos como custos de meio de produção.[4] Enquanto se entender que sua produção se corporifica no produto e maximiza os lucros, esses serviços serão mantidos, embora com funções novas ou em posições diferentes. Em contrapartida, como não se tem claro o que os serviços significam como investimento, a tendência é subtraí-los do processo produtivo, tão logo se faça sentir uma depressão nos lucros líquidos e uma conseqüente redução de pessoal.[5] O volume constante de trabalho para os serviços também é um fato que demanda um exame local: dependendo das atribuições que lhe foram delegadas, do tipo de política em ação, dos objetivos a que servem e do poder que lhes é confiado, os serviços cumprem tarefas mais ou menos importantes e de maior ou menor responsabilidade.

O servidor, após um determinado período de ocupação num serviço, sabe avaliar se o seu trabalho é imprescindível para um ou outro departamento ou para o controle de alguma diretriz. Mas, para o público, um novo serviço precisa divulgar como seus préstimos devem ser usados e para quê.

---

4. Koontz & O'Donnell (1974: 374) afirmam claramente: "Os custos de operação de um departamento de serviço raramente podem ser postos em fila vertical e somados".

5. É claro que o critério para a manutenção ou a subtração de serviços no processo coletivo de trabalho numa empresa é a taxa média de lucro. Na pesquisa bibliográfica do material de administração, isso nunca fica muito claro. Mas nota-se que quando a taxa média de lucro começa a cair, providencia-se rapidamente o desligamento dos trabalhadores não diretamente ligados à produção.

É de se esperar que os serviços atuem com presteza e eficiência, e quando isso não ocorre, as críticas são severas e a avaliação impiedosa.

Em um primeiro momento, isso poderá acarretar a descentralização de um serviço já centralizado, subordinando-o a um setor do processo produtivo e estabelecendo um controle mais efetivo. Num plano mais avançado de avaliação, quando resultados esperados não se tornam transparentes, a tendência é abolir o serviço em questão, alegando seu alto custo. Daí ser comum a contratação de serviços de terceiros em forma de consultoria no tratamento de alguma questão interna; ao invés de instituir um serviço permanente, as grandes empresas delegam a grupos de serviços de fora uma investigação que resulte em recomendações para treinamento de pessoal, modificações nos meios de produção ou política salarial diversa.

A grande dificuldade na atuação dos serviços é o tipo de autoridade que lhes é delegada. Geralmente, cabe-lhes investigar e recomendar, jamais decidir, mesmo porque suas decisões subordinam-se ao processo produtivo material e às possibilidades de investimento. Não é raro o surgimento de conflitos de autoridade, no caso de os serviços servirem aos setores operacionais. Parece que aí se localiza uma área obscura na cultura empresarial brasileira: a suspeita de que a índole feminina se presta melhor ao exercício das atividades-meio, porque, socialmente, a mulher não decide, apenas fornece elementos para a decisão tomada pelo homem.[6]

A sociedade de classes no capitalismo monopolista cria uma civilização de serviços. A idéia de "prosperidade" desencadeia um avanço nas formas diversificadas que garantem, no mercado, o circuito do capital e das mercadorias. As necessidades exacerbadas pela publicidade justificam novos ser-

---

6. No Brasil, seguramente, a mulher não é aceita como elemento decisório no meio empresarial, embora alguns casos particulares refutem essa afirmação. Na literatura administrativa ver em Etzioni (1974: 119-47) o capítulo sobre "Autoridade administrativa e autoridade de especialistas".

viços para novas necessidades que, no mundo moderno, desenvolvem uma proliferação de formas de atendimentos ao homem, administrados por profissionais.[7]

O capital, hoje, desenvolve serviços aparentemente organizados, como se fossem do próprio setor produtivo. Jargões administrativos tratam do processo organizacional dos serviços, de acordo com os mesmos princípios da administração de empresas, e, pela dimensão como pelo aparato, os departamentos de serviços deixam de ser apenas atividades para se tornarem cooperação na massa indiferenciada do trabalho coletivo.[8]

A administração civil, que o Estado exerce na sociedade, expande-se continuamente, tanto na contribuição que dá para o funcionamento da sociedade através dos serviços de controle (educação, saúde, segurança, partidos políticos, habitação, recreação, sindicatos, instrumentos do poder legislativo, do judiciário e do executivo, e outras modalidades menos conhecidas), como através de grande parte das transferências financeiras que executa, em forma de benefícios aos segurados da previdência social (aposentados, acidentados e outros), sem citar as despesas na área de defesa e segurança nacional.

---

7. Em Singer (s.d.: 133) encontra-se: "... a simples relação descritiva entre crescimento da renda *per capita* e aumento da demanda por serviços engloba várias tendências distintas: o surgimento de novos tipos de serviços por efeito de inovações no Secundário; a ampliação do acesso a serviços de camadas antes deles excluídas; e a expansão dos serviços de controle que decorre da multiplicação e do aprofundamento de contradições sociais".

8. Drucker (1975: 144) refere: "Nas grandes empresas — e num grande número das pequenas — tem havido um rápido acréscimo de grupos de serviços e funções de serviços como: pessoal, departamentos de pesquisa, grupos de planejamento, coordenadores, sistemas de informações administrativas e assim por diante. São todas instituições de serviço e não unidades operacionais. Não têm nenhuma relação direta com o desempenho econômico e com os resultados da empresa. Embora operem dentro de uma instituição econômica, nenhuma delas produz resultados econômicos diretamente, ou se automantêm economicamente".

O mecanismo que se instala principalmente nos centros urbanos, onde a concentração de renda é muito maior, não é simples, mas segue uma lógica de correlação de forças, sem pôr em risco a ordem social. Este mecanismo inclui desde o aparato visível e manifesto — como hospitais, escolas, polícia, estradas, conservação, tribunais e prisões — até a máquina que registra e controla a face oculta da sociedade urbana — como os asilos, os albergues de mendigos, os centros de reabilitação para toxicômanos ou acidentados do trabalho, e instituições de reclusão e controle da delinqüência juvenil. Na verdade, esses serviços não resolvem os problemas que justificam a sua existência; administram o atendimento a esses problemas, buscando constantemente aperfeiçoar o seu desempenho sem, no entanto, alcançar resultados, pois não é um atendimento eficaz que vai modificar a própria condição de desenvolvimento da sociedade.

Na medida em que os centros urbanos crescem, expandem-se os serviços não só para dar conta do volume de novos problemas sociais, mas principalmente para inventar novas formas "racionais" de atendimento.[9] A supervalorização da racionalidade técnica, sobreposta à falta de experiência política, impede a síntese que poderia transformar as necessidades sociais em um projeto comum da população e dos técnicos.[10] Exatamente por não buscarem essa síntese, as instituições de serviços se administram de modo a separar o conhecimento técnico do resto do mundo, montando programas que só se justificam por si mesmos, sustentados na construção burocrática que incorpora princípios como a hierarquia e a interdisciplinaridade, e naturalizando a função controladora do saber sobre o não-saber.

---

9. "Racional", conforme Mannheim (1962: 63), corresponde a "...uma série de medidas organizadas de forma a levar a um objetivo previamente definido, recebendo todos os elementos dessa série de atos uma posição e um papel funcionais".

10. Ver discussões a esse respeito, referentes à Grande São Paulo, em Oliveira (s.d.: 139-68).

A cultura institucional expressa claramente que se fala e se escreve de modo muito particular, e o regime de consentimentos e justificativas segue normas não-escritas mas reconhecidas, em que o conceito e o preconceito se confundem, embaralhando o racional e o irracional.

A competência fica obscura na medida em que a autoridade conferida por determinado cargo privilegiado legitima a aceitação da decisão sem críticas, contestações ou opiniões contrárias. As atividades técnicas, por conta de uma "adaptação" à própria organização do processo de trabalho, cumprem um ritual burocrático segundo o qual o outro técnico nunca entende bem o que foi feito, mas tudo aceita sem curiosidade e nenhum interesse. Parece que quanto menor o entendimento, mais especializado deve estar sendo o desempenho; é o que espelham os registros, os prontuários, os arquivos, as pastas, os ofícios e os relatórios de cada setor e em cada área.

Toda burocracia cultiva os seus deuses e seus demônios. Mas, como cultura própria, os serviços parecem dar mais ênfase aos seus mitos e aos rituais. As pessoas são conhecidas somente dentro das organizações; quando alcançam o reconhecimento profissional, passam a ter um nome que ultrapassa o juízo organizacional. Como se fosse um universo em si, é só dentro do serviço e da sua categoria que são aplaudidas, admiradas e reconhecidas. Os mitos e os rituais evidenciam as finalidades e as relações da vida coletiva. É através deles que os indivíduos se identificam, se reconhecem e se integram no grupo social em que se encontram pelo trabalho, e em função do qual desenvolvem uma unidade de sentimento que objetiva a sua experiência como seres comunitários. Nesses termos, os serviços, pelas suas características, tendem a criar deuses do discurso, profissionais que elaboram idéias, as quais, na prática só encontram solo fértil para discussões envolventes.

O sistema de crenças, que os serviços desenvolvem, organizam valores aceitos por todos e dessa aceitação depende a permanência dos indivíduos tanto nos serviços como nas profissões. O imaginário é lógico e forte porque justifica as ações e, mesmo que seus resultados não convençam, basta estar presente, esforçar-se, fazer, produzir, registrar e promulgar as suas atividades. O discurso tecnoburocrático, tanto dos documentos como das cerimônias dos ritos de passagem, gera a interiorização das definições ideológicas que não só justificam o projeto social em questão, mas validam os objetivos e a ordenação, sobretudo da hierarquia e das funções essenciais. Com tudo isso, os serviços também se apropriam de homens, técnicas, estratégias, conhecimentos, força de trabalho e crenças, de modo a se tornarem grandes e poderosos, inacessíveis ao leigo, àquele que cumpre o papel auxiliar de suporte e não contribui com decisões técnicas, mas sobretudo àquele que se constitui no público a ser servido. Este que não tem claro que chega a pagar, às vezes até duas vezes, pelo que recebe[11] e que, na medida da sua carência, se subordina à linguagem que não entende e às decisões sobre si mesmo para as quais não é chamado a participar.

É assim que a burocracia dos serviços reproduz a ordem comum da sociedade, que se inscreve na convivência das classes. No caso dos serviços realiza-se a supremacia do técnico sobre a clientela, por uma dominação sutil de propósitos específicos, que o próprio conjunto de saberes e normas profissionais caracteriza. Uns, como os médicos, desenvolvem uma dominação através do segredo, do não-esclarecimento da conduta médica, da distância profissional pelo não-envolvimento emocional, e até pela roupa branca que, embora tenha sua razão original na limpeza e na assepsia, hoje se tornou simbólica na rua, no posto de gasolina ou no hospital, pretendendo definir um *status* que nada mais tem a ver com a garantia da higiene (mesmo porque a roupa não é mais o uniforme do local de trabalho, mas o definidor da profissão na sociedade). Outros, como os assistentes sociais, desenvol-

---

11. Importante lembrar que o usuário da previdência social, no Brasil, paga duas vezes por aquilo a que tem direito: primeiro, como beneficiário do sistema, ou seja, na condição de contribuinte, através dos descontos em folha de pagamento; em segundo lugar, como cidadão, quando realiza o pagamento dos tributos nas transações que realiza.

vem a sua dominação através das fichas que preenchem, cumprindo a rotina institucional que designará a elegibilidade do caso para o atendimento e através da entrevista que não explicam, durante a qual penetram no íntimo da vida dos indivíduos, retirando-lhes dramas e segredos para, no fim, encaminhá-los a outro serviço, sem nenhum retorno efetivo ou profissional.

Pelo visto, cada organização de serviço desenvolve uma burocracia específica, que guarda no seu seio o espírito de corpo para salvaguardar-se das ameaças à sua hegemonia, fazendo com que todos dependam de todos, eliminando os limites impostos pela divisão do trabalho. Não se trata aqui de entender a burocracia genericamente, mesmo porque não há precisão do conceito e seu uso vale para muitos e diferentes fenômenos ou manifestações da realidade.

A proposta deste estudo é configurar um tipo específico de serviço burocrático no âmbito da administração privada e no âmbito da administração pública, situados na sociedade urbano-industrial, no Brasil. No exame desses serviços pretende-se encontrar critérios que permitam reconhecer nas formas do serviço social uma cultura burocrática própria que se realiza numa esfera especial: a "esfera social".

Capítulo II

O Serviço Social e o mundo da grande empresa

Marx chamou de cooperação "a forma de trabalho em que muitos trabalham juntos, de acordo com um plano, no mesmo processo de produção ou em processos de produção diferentes mas conexos" (1982: 374). A cooperação é, portanto, força produtiva, atividade coletiva, trabalho socialmente combinado. As múltiplas formas de cooperação, na grande empresa, desenvolvem os mais variados tipos de organização do trabalho que, além de acompanharem atentamente as curvas da economia nacional e internacional, modificam, internamente, funções e objetivos dos departamentos de serviço, cuja finalidade sempre é fornecer suporte para as forças produtivas.

Também o serviço social desenvolve um movimento constante no conjunto do trabalho coletivo, na medida em que acompanha as modificações internas e políticas que se realizam fora e dentro da grande empresa. Este capítulo apresenta os principais pontos da análise histórica de um departamento de serviço social[1] que tem início nos anos 60,

1. Trata-se de uma grande empresa transnacional, do setor siderúrgico, fundada em 1954, próxima da capital de um Estado da região Centro-Sul do Brasil. O departamento de serviço social, visitado em julho de 1983, considera-se formado desde 1966. Decadente a partir de 1983,

quando, no Brasil, a conjuntura econômica vai levar a modificações estruturais futuras (1964-1970) e as empresas de grande porte entendem que devem introduzir a "proteção da assistência médico-social ao trabalhador",[2] para reorganizar o processo de trabalho.

No início da década de 60 a empresa considerou ser necessário criar um serviço de suporte às atividades de medicina do trabalho, e buscou seguir as proposições do Serviço Social da Indústria (Sesi) "visando à valorização do homem e os incentivos à atividade produtora" (Iamamoto & Carvalho, 1982: 274). Recebeu, então, uma assistente social do quadro sesiano em suas instalações e contratou outras duas profissionais para, juntamente, não apenas prestar serviços assistenciais (como doações, vales, empréstimos e guias de encaminhamento para serviços de saúde) como agilizar o entrosamento dos trabalhadores na atuação do Centro Social do Sesi no bairro.

Esse impulso, desencadeado pelas preocupações dos empresários com a liberação do regime político e pelo crescimento do movimento operário, respondia às formas de intervenção assistencial propostas pelo Sesi e que, após 1964, passaram a ser assumidas pela própria empresa, como úteis à reestruturação do processo produtivo, na fase que antecede o chamado "milagre econômico".[3]

---

devido à recessão econômica, entra em fase de recuperação a partir de 1985.

2. Ver em Ianni (1975: 97) a "Mensagem ao Congresso Nacional", João Goulart, Brasília, 1964.

3. Encontra-se em Singer (1978: 79) a seguinte afirmação: "Face à burocratização crescente das relações de trabalho, tanto dentro das empresas como fora delas, tornou-se o trabalhador ainda mais dependente da ocasional boa vontade dos funcionários do departamento do pessoal da firma, do sindicato no qual está enquadrado, do instituto de previdência, do BNH, etc. Tal burocratização talvez tenha sido inevitável, dada a crescente centralização de atividades, em entidades cada vez maiores, mas suas conseqüências são agravadas pela ausência de qualquer representação independente dos trabalhadores".

É em 1966, portanto, pouco antes do impulso para o "milagre", que a empresa organiza uma divisão de assistência social, já desvinculada do serviço médico, mas no mesmo nível hierárquico de autoridade. Em que pese a conquista que significou, é interessante verificar que, na época, deveria parecer promissor um investimento interno para 3.700 operários, que se dedicasse a desenvolver formas de atendimento às necessidades que surgiam na adaptação do homem ao trabalho. O atendimento individual (através da técnica de serviço social de casos e de visitas domiciliares, orientados para cuidar das dificuldades da vida do trabalhador), os encaminhamentos para os serviços de saúde e sua efetivação através de guias de internação, atendimento conjunto com o Instituto de Aposentadoria e Pensões dos Industriários (IAPI) e o Sesi, exames laboratoriais, vacinas e consultas especializadas, assim como as providências facilitadoras dos impasses do cotidiano dos operários (sepultamentos, nascimentos e outras emergências) tornam-se o objeto da prática dos assistentes sociais no primeiro momento. As novas políticas sociais do país refletem-se nas atribuições da nova divisão assistencial e são feitos estudos no sentido de firmar convênios com a Caixa Econômica para conceder empréstimos aos funcionários. Instalam-se o concurso do operário-padrão e o clube do trabalhador, e fazem-se diferentes formas de divulgação de planos habitacionais e educacionais, tratando com recursos de fora da empresa o desenvolvimento de uma nova área interna: as relações industriais. Essas atividades continuam coordenando-se com o Sesi, que "procurará teoricamente atingir a população operária, dentro e fora dos estabelecimentos industriais, partindo de uma ampla base técnica e econômica de sustentação" (Iamamoto & Carvalho, 1982: 283).

Em 1966, é também criada uma fundação dos empregados da empresa, que deve "prestar benefícios e serviços assistenciais a seus associados, bem como promover iniciativas de caráter social, cultural e recreativo, visando o bem-estar comum", segundo divulgações internas. Tal fundação é sustentada por contribuições mensais dos associados, calculadas proporcionalmente ao salário. É transferida para a fundação a concessão de benefícios e empréstimos e fica para o departamento de serviço social a prestação de serviços assistenciais orientados para a manutenção do processo produtivo. Nos anos que se seguem, até 1973, o número de funcionários dobra (7.103) e, a partir de então, alcança o seu ápice: 10.182 em 1979. Em se tratando de uma empresa siderúrgica, fornecedora de bens de produção para os imensos empreendimentos estatais, já no período em que a curva do "milagre" descendia, a crise só se fez sentir no contexto interno a partir de 1980.[4]

O serviço social, como divisão, subordina-se ao movimento de reorganização interna do processo produtivo, de tal modo que suas atribuições variam conforme as necessidades do processo e as prioridades estabelecidas pelas políticas internas. Fica óbvio, a partir da exposição sobre o desenvolvimento da empresa, que vale a pena se dedicar ao bem-estar do trabalhador no seu ambiente de trabalho, numa época em que os movimentos sindicais, as greves e as reivindicações não ocorriam, reprimidos e proibidos pelo regime político vigente. Nessa ocasião, era conveniente estender até a casa do operário a política de bem-estar da empresa, fechando assim o ciclo de vida "familiar" pregado pelo manual do empregado. A filosofia de ação, que se traduz pelas atividades em exercício, denota que, no período de crescimento da empresa, a divisão de serviço social eliminava os modos paternalistas e assistenciais, buscava racionalizar o atendimento através de pesquisas internas sobre a situação social dos funcionários e modificava as formas de registro e avaliação de suas atividades. Essas iniciativas espelham um

4. Em Dowbor (1984: 137) encontra-se a seguinte afirmação com referência ao modelo político-econômico: "A partir de 1973, e por razões já claramente econômicas, o modelo entra novamente em recessão, enfrentando problemas crescentes de financiamento, de realização e de organização (. . .) a linha descendente atravessou tranqüilamente os anos 1980, 1981, 1982 (. . .)".

esforço de racionalização de trabalho, no sentido de administrar a divisão de serviço social como parte integrada na empresa, acompanhando assim o desenvolvimento das novas articulações do processo produtivo. De 1967 a 1970, a divisão passou a eliminar e a transferir funções que foram sendo assumidas pela fundação ou pelo Sesi. Essas modificações internas, levadas a efeito pela divisão de serviço social na época, correspondiam aos anseios teóricos que a profissão experimentava no fim dos anos 60, buscando a sua especificidade e modernização, e transferindo a outros órgãos medidas de cunho imediatista e assistencialista, desprovidas de competência técnica.

Já a partir de 1969 as atribuições da divisão de serviço social tornam-se politicamente mais importantes na dinâmica interna. O atendimento individual é especificamente orientado para as diretrizes das relações no trabalho e os casos se atêm aos acidentes de trabalho, à adaptação ou readaptação profissional e à orientação sobre aposentadoria especial. Essas funções, acrescidas do estudo dos casos de afastamento por doença, da antecipação do 13.º salário, das inscrições para aquisição de casa própria pela Companhia Metropolitana de Habitação (Cohab) e da divulgação do abono de permanência, são atribuições que mais parecem estratégias de gerenciamento de pessoal do que propriamente ajuda, correspondendo desse modo aos desejos profissionais de um trabalho de serviço social mais empresarial. A empresa delegava à sua divisão de serviço social o cumprimento de suas políticas de relações industriais.

Assim, os assistentes sociais, se vistos isoladamente, modificaram a sua competência, mas, no conjunto das articulações internas, desvendam-se as diferentes formas das políticas de bem-estar social na empresa.

A partir de 1970, resolvem-se também as solicitações de empréstimos, vales e doações, pela criação de uma cooperativa de créditos mútuos. Mediante depósito mensal, o empregado adquire o direito de solicitar empréstimos a juros baixos, concedidos segundo os critérios de uma comissão de crédito, constituída por associados (tanto o Conselho de Administração como essa comissão são formados por funcionários da empresa).[5] No caso específico da cooperativa, uma assistente social da empresa foi eleita presidenta do conselho de administração (como funcionária) e exerce as funções de coordenadora da cooperativa desde o início. Isso pode significar a conseqüência lógica de um vínculo gerado pela função anterior, que exercia como profissional de serviço social. Na verdade, a função de estudar casos para empréstimos persiste, mas, então, é realizada por um órgão autogerido pelos funcionários.

Os casos, encaminhados à divisão de serviço social e atendidos, servem como fonte para o planejamento de novas políticas de pessoal: seja o plano de assistência médica realizado pela empresa e pela fundação, seja o plano habitacional que, em trabalho conjunto com a Cohab e com o Instituto de Orientação às Cooperativas Habitacionais (Inocoop), facilitava a compra de uma casa nas imediações da empresa. Essa iniciativa foi implantada para modificar um velho hábito da fase anterior à opção pelo FGTS,[6] quando a cada nove anos o trabalhador era demitido; com a indenização construía a sua casa e após três meses era readmitido e sua casa estava pronta!

O alto índice de trabalhadores afastados por doença ou acidentes de trabalho, serviço militar, reclusão ou licença sem vencimentos passa a ser preocupante para a empresa. Desde 1968, a divisão de serviço social acompanhava os casos, estudava-os e registrava-os. Com o crescimento do total de empregados, o índice de afastados alcançou 3,5%

5. No relatório de 1982 o número de associados em 31-12-82 era de 9.382. (A cooperativa também distribui material escolar para os filhos dos funcionários. Funciona em instalações da empresa.) Segundo a assistente social entrevistada, a cooperativa foi fundada para "criar o hábito da poupança e fornecer crédito aos funcionários da empresa".

6. Fundo de Garantia por Tempo de Serviço — instituído no Brasil, em 1967.

do total de efetivos em 1974.[7] Esse número é preocupante e os afastamentos passam a ser objeto de estudo dos assistentes sociais. Os casos são entrevistados e faz-se deles um controle estatístico.

Os diagnósticos que ocasionam o afastamento por doença, o tempo de afastamento, o tratamento dado e o acompanhamento da evolução são analisados na divisão de serviço social. O critério para conceder licenças médicas fica mais severo. Os casos de psiquiatria, neurologia e cardiologia são examinados pelo centro médico da empresa e submetidos a um controle permanente, esteja o empregado afastado ou trabalhando. Somente os casos de cirurgia têm prioridade para licença médica. Os casos de afastamento superior a um ano e sem possibilidade de retorno ao trabalho são estudados pela divisão e encaminhados à perícia médica do Instituto Nacional de Previdência Social (INPS) para análise, cujo objetivo seria a aposentadoria por invalidez.

Na realidade, o acompanhamento dos afastamentos tinha a finalidade de avaliar o custo anual do abono de quinze dias que, por lei, a empresa tem de assumir. Assim, a perda das horas de trabalho, que prejudicavam o ritmo do trabalho social médio, é alvo das atividades dos assistentes sociais. Os seus resultados influenciavam os critérios de revezamento de turnos, a concessão de horas-extras, os critérios de substituição do empregado afastado e a admissão de novos empregados. Também a política de benefícios é avaliada e procura-se, através de sugestões aos níveis superiores, modificar rotinas do serviço médico.

A uniformidade na interpretação das diretrizes e políticas da empresa é garantida, na medida em que os assistentes sociais participam da elaboração do manual de empregados, do manual do supervisor, do plano para treinamento introdutivo, da divulgação dos serviços prestados pela fundação e pela cooperativa. Já numa dimensão de grande empresa,

---

7. Esses dados foram fornecidos durante a entrevista realizada em julho de 1983.

com um crescimento constante do número de empregados,[8] a divisão de serviço social tinha excluído todo tipo de providência e atendimento rápido que realizava na década de 60; passava a exercer a política de benefícios da empresa, o treinamento dos recém-admitidos, a elaboração de plano para cursos de média-chefia, assim como a participar dos esforços conjuntos na prevenção de acidentes de trabalho, reduzindo muito o atendimento individual.

Um assistente social da divisão atua como membro efetivo da Comissão Interna de Prevenção de Acidentes (CIPA), e são feitos, pela divisão de serviço social, estudos dos casos de acidentados, acompanhamento domiciliar, divulgação dos equipamentos de proteção individual, treinamento de chefias e, posteriormente, um trabalho de readaptação profissional em conjunto com o serviço médico e com o INPS. Os casos de alcoolismo e tratamento psiquiátrico são trabalhados em conjunto com o Centro de Reabilitação e com a Associação de Alcoólatras Anônimos até a alta ou a aposentadoria.

Na década de 70 a intermediação que a divisão de serviço social executa, entre os serviços internos de atendimento ao empregado e as instituições governamentais de efetivação das políticas sociais, transfere o custo de investimentos outrora feitos internamente para outras formas de reprodução do capital, permitindo assim uma produção cada vez maior. A escolinha da empresa é desativada, substituindo-se a sua função pela concessão de 5.000 bolsas de estudos e vagas para os filhos dos funcionários no grupo escolar da rede municipal. Hospitais públicos, Cohab, Sesi, Inocoop, INPS, entre outras instituições, são agilizados em função das necessidades da empresa. À divisão de serviço social cabe estudar todos os tipos de convênios existentes para o atendimento médico-hospitalar aos 7.000 empregados da empresa

8. Os dados desse crescimento assim se apresentam: 1970 — 5.457; 1971 — 6.426; 1972 — 6.985; 1973 — 7.103; 1974 — 7.774; 1975 — 8.046; 1976 — 9.020; 1977 — 9.107; 1978 — 9.698; 1979 — 10.182; 1980 — 10.039. Fonte: Divisão de Serviço Social da empresa.

(1972), modificando totalmente a dinâmica do serviço médico anterior e ampliando significativamente a sua demanda.

Após a primeira década de trabalho (1976), já o quadro de atribuições da antiga divisão de assistência social havia se transformado radicalmente. Uma auto-avaliação do serviço permitiu verificar a importância de descentralizar o atendimento, dadas as diferentes causas, situações e tipo de trabalho dos empregados atendidos, que sugeriam maior concentração de atendimento especializado em cada setor de linha e em estreita colaboração com os chefes.[9] Já, então, configura-se outra relação de autoridade da chefia da divisão de serviço social sobre seus técnicos nas atividades descentralizadas. Conserva-se a autoridade funcional da divisão de serviço social para especificar como, mas não quando ou onde deve ser desempenhado o trabalho que for designado.[10] A familiarização do assistente social com os equipamentos locais e as necessidades específicas de cada chefia, nos diferentes setores, transferem o trabalho do assistente social para áreas de produção distintas, mas onde instalações, operações, condições de segurança e espécie de trabalho são semelhantes e, conseqüentemente, as necessidades pessoais, as dificuldades de adaptação, os acidentes e as doenças do trabalho ou as manifestações de desequilíbrio se parecem ou se repetem.

Para um departamento de serviço, é mais racional e mais eficiente estabelecer normas e rotinas para cada tipo de ocorrência, subordinadas ao estilo pessoal de cada chefe do setor produtivo que o utiliza na sua área.

Assim, a empresa é dividida em três áreas físicas de produção, para efeito do trabalho dos assistentes sociais. Não

---

9. Em Newmann (1970: 161) encontram-se referências sobre a localização da unidade de serviço na organização: "Quanto mais afastada das operações a que serve estiver a unidade auxiliar, maiores serão os problemas de coordenação".

10. Ver Koontz & O'Donnell (1974: 358-60) sobre as bases para a economia na especialização das atividades de serviço.

obstante, a unidade das diretrizes do trabalho é garantida por normas e rotinas, assim como o anterior atendimento individual dos casos na divisão de serviço social. A burocracia, portanto, objetiva o trabalho individual do assistente social ao prescrever as formas de subordinação às regras do jogo. Mesmo para os casos de desavença conjugal há uma rotina de atendimento!

Permanece, porém, sempre, e em toda atividade de serviço social nas empresas, a questão da avaliação de custos, uma vez que são indiretos, isto é, não podem ser medidos diretamente por seus resultados. Se, por um lado, a aparência de custo incomensurável se apresenta pela dificuldade de somar os elementos que constituem o trabalho realizado pelo serviço social, excetuando-se, é claro, a folha de pagamento e as despesas de material de escritório, o valor do serviço social na sua essência está contido nas condições técnicas e sociais do processo de trabalho que tem por finalidade aumentar a força produtiva. O custo do serviço social é custo de produção, assim como o custo do serviço de escritório, pesquisa ou transporte. Não há como obter outros dados, portanto, é um custo incomensurável. Primeiro, porque os resultados são objetivados no processo e não se pode concluir por "coisas resolvidas", resultados obtidos, objetivos alcançados. É possível definir metas, estabelecer prioridades e colocar finalidades. Mas o que não se pode é separar o serviço social de outras atividades, e nem tentar isolar a atividade em si, relacionando-a a necessidades independentes, seja dos trabalhadores, da organização ou mesmo dos outros setores, como o serviço médico ou o serviço de pessoal. Responder à questão druckeriana, "qual é o nosso negócio?", é muito difícil, senão impossível. "O negócio" hoje pode ser um, amanhã outro, muito diferente. São muitas e diversas as atividades que configuram a competência de um departamento de serviço social numa empresa. O sistema de comunicações internas, as prioridades financeiras, o movimento do capital, o estilo da administração, as facilidades de compreensão, o excedente econômico, o avanço tecnológico, tudo transforma as necessidades e as utilidades que caracterizam a existência e a subsistência do serviço social na empresa. O modo de pagamento é o orçamento e, se vem ou não ao caso mantê-lo, aumentá-lo ou diminuí-lo, não depende da satisfação do cliente, nem, especificamente, da contribuição que indiretamente o serviço faz ao produto e ao seu sucesso no mercado. A verba que se destina a sustentar um departamento de serviço social numa empresa só tem relação com as intenções da sua direção (Drucker, 1975: 153-4).

A subordinação dos objetivos dos departamentos de serviço aos objetivos dos departamentos de linha modifica as suas finalidades. Portanto, o critério de avaliação dos serviços é a validade das suas ações para o produto final da organização. Daí, as prioridades técnicas do serviço social raramente correspondem às prioridades da organização.[11]

Esse aspecto faz com que os assistentes sociais comumente entendam que não estão realizando os objetivos profissionais dentro da cooperação empresarial. E queixam-se da ausência de compreensão de suas funções, acreditando que há um desvirtuamento nas atribuições a si delegadas. Não é incomum a confusa situação em que determinada atividade é esperada por algum departamento de linha e os assistentes sociais resolvem não assumi-la, sob alegação de que não se trata de sua função. Nesses casos, um fica esperando a rebatida do outro, como no futebol, quando a bola cai entre dois jogadores... Somente uma atitude conciliatória resolve o impasse, mas geralmente o caso fica por conta de uma crítica à eficiência do departamento de serviço social. Essa é a sina da sua condição de serviço.

A questão da mensuração intangível de custos reflete-se de maneira enganosa no desempenho dos serviços. Quando tudo vai bem, a empresa cresce e seus lucros estão garanti-

11. Em Koontz & O'Donnell (1974: 375), esse conflito é apontado: "... a atividade de serviço luta por aquilo que considera prerrogativas suas, enquanto o departamento de linha critica o valor dos resultados". Os autores discutem no capítulo 16, p. 357-9, o departamento de serviço na estrutura empresarial.

dos: o departamento de serviço social adquire mais prestígio e merece um orçamento significativo. Aumenta o seu quadro de pessoal e o seu poder administrativo. Suas tarefas fazem sentido, verifica-se uma brilhante parcela de contribuição ao bem-estar e à felicidade do empregado no trabalho. Considera-se ponto pacífico que suas funções são importantes e que, em última análise, o seu custo faz parte da estética arquitetônica do mundo da empresa. São reelaborados seus quadros de funções, há uma reavaliação de sua posição e os critérios tendem a privilegiar sua ação estratégica: todos estão convencidos de que a conquista atingiu sua perfeição! Os assistentes sociais vêem-se cumprindo funções de gestão, percebem que exercem um papel significativo no que tange a decisões nos assuntos de integração, fixação e motivação dos trabalhadores; vêem que os dados que fornecem possibilitam modificações e implementação de princípios, normas e procedimentos. O departamento de serviço social sabe que é imprescindível na manutenção ou modificação de políticas, convênios, divulgações e iniciativas, e sugere modificações na disposição dos elementos que constituem o trabalhador coletivo. Enfim, o moral está mais elevado. "Ninguém pensa na despesa total do serviço ou no crescimento relativo do serviço para a linha. Na verdade, nem isso adiantaria, pois ninguém sabe até que ponto o departamento de serviço deve crescer" (Koontz & O'Donnell, 1974: 376).

Justamente porque os custos e benefícios imponderáveis tornam literalmente impossíveis as avaliações exatas, assiste-se à ascensão e queda dos departamentos de serviço social nas empresas.

Quando ocorrem crises, e dessas que reclamam uma diminuição profunda nos gastos, que chegam ao extremo de demissões em massa para diminuir a produção total, o serviço social, se até então era considerado eficiente e de importância reconhecida, passa a desempenhar "atividades de humanização" no processo de demissão. Introduzem-se políticas de aposentadoria para aqueles que estão em situação de direito a ela, seja por exercerem trabalho de alto risco ou por tempo de serviço; trabalha-se por demissões mais justas ou menos injustas. Quando, em três anos, o número de funcionários diminui de 10.300 para 9.000 (no caso, de 1979 a 1982), buscando garantir ao empregado o usufruto de sua situação previdenciária, associado à esperança de exercer um "bico", o departamento de serviço social acompanha os casos com direito à aposentadoria. Assim mesmo, mas sem muita previsibilidade possível, a divisão de serviço social, na empresa em questão, auxiliada e incentivada pelo desenvolvimento tecnológico a serviço da cooperação (relatórios, índices e números fornecidos por computadores que criam novas referências de avaliação de produtividade), assume atividades de informação e comunicação que alimentam novas iniciativas de controle da crise e manutenção do equilíbrio interno. "As coisas mudam em época de crise, ninguém reivindica, ninguém reclama, ninguém falta e ninguém se atrasa."[12] O receio da demissão obscurece as informações sobre as necessidades dos empregados, os conflitos nas relações com os chefes e as ocorrências de um cotidiano perigoso e duro. Durante o período difícil e ameaçador, os dados que o departamento de serviço social envia à direção são muito úteis. Os assistentes sociais fazem entrevistas de desligamentos, controle de casos de afastamento, acompanhamento de casos de readaptação profissional. Essas informações são fontes importantes para a revisão de políticas e diretrizes. Entretanto, nem sempre — aliás, quase nunca — os serviços resistem a crises sérias de redução da produção. Há um limite para a tolerância da sua existência. A situação de subsidiários das divisões operacionais ou a função orientadora de sua autoridade funcional geram despesas de natureza fixa que não diminuem com a queda do volume de operações. Agravado pela impossibilidade de medir seus resultados e pela absoluta incapacidade de pôr à prova a sua eficiência através de testes de mercado, o serviço social, antes de poder se ocupar de uma

---

12. Comentário de uma assistente social na visita realizada à empresa citada, em julho de 1983.

reavaliação que elimine atividades obsoletas ou insatisfatórias, se vê à mercê de corte do seu pessoal técnico, e, principalmente, administrativo.

No momento em que grandes empresas reduzem as despesas indiretas do processo produtivo, as prioridades em função das quais os assistentes sociais trabalhavam e que se caracterizavam pela multiplicidade e pelo seu poder de influência deixam de ser imprescindíveis. Volta-se à situação original, em que os problemas de pessoal são atendidos pelo departamento de pessoal e as questões de saúde são atribuições do serviço médico. Somente os serviços absolutamente necessários ao cotidiano de uma empresa permanecem, como de pessoal ou de zeladoria. Os aspectos estratégicos dependem dos diretores. Modifica-se a autoridade de alguns cargos, criam-se assessorias e gerências, muda-se a organização. Às vezes as empresas mantêm pessoas que fizeram uma história, mas extinguem a unidade de serviço que custava caro e não oferecia meios de mensuração de seus custos nem dos seus resultados.[13]

Na verdade, como departamento de serviço, o serviço social é útil ao capital e às leis do mercado de trocas. Desde que o assistente social seja produtor de mais-valia, para Marx (1975: 93), ele é um trabalhador produtivo, pois quem é produtivo é o capital e não o trabalho do homem.[14] O exame das condições em que se realiza o trabalho do assistente social como um trabalho útil ao processo de trabalho coletivo revela que sua utilidade se dá para o processo produtivo. Como todo serviço, participa internamente da produção da riqueza, através das mudanças no processo produtivo. O de-

---

13. Na empresa pesquisada essa decisão é documentada: "A diretoria da empresa X resolve criar, junto ao Diretor de Relações Industriais, a Assessoria de Relações Trabalhistas... os demais órgãos ficam extintos; as atribuições dos serviços sociais ficam distribuídas aos respectivos serviços de Pessoal e de Medicina e Segurança do Trabalho..." (Portaria de 31 de outubro de 1983/Diretoria).

14. Ver em Napoleoni (1981: 112-9) a Lição 11, sobre a produtividade do capital.

partamento de serviço social realiza na cooperação o seu espaço na empresa. Mas esse mesmo espaço do qual usufrui nas suas conquistas pode se fechar, quando a condição material para a cooperação se modifica e quando a concentração dos meios de produção decresce.[15]

Na estrutura de poder da grande empresa, o departamento de serviço social se instala de acordo com a sua importância para as diretrizes administrativas. Como serviço, a sua trajetória segue a curva da economia interna, externa e internacional. Cumpre o papel de suporte, fornecedor de dados, emissor de políticas e executor de medidas de adaptação e integração às condições de trabalho; seu objeto, porém, fica à mercê dos movimentos do capital.

Os conhecimentos dos assistentes sociais são usados para aperfeiçoar a administração: ajudam a eliminar os elementos que possam pôr em risco os fins desejados pela empresa e fornecem informações sobre tudo o que se refere aos mínimos pormenores do trabalho. Mas tudo depende das condições sociais e econômicas. Não só a condição material precisa estar presente, mas também as condições sociais (relação emprego-desemprego, movimentos políticos e sindicais na sociedade) devem ser propícias para a possibilidade de trabalho dos assistentes sociais e de seu poder interno.

No caso da empresa pesquisada, o departamento de serviço social foi útil num período em que a economia crescia, a empresa aumentava e o regime político vigente impedia o trabalhador de organizar-se como classe. Mediante a cooptação dos seus anseios profissionais, os assistentes sociais desenvolveram um trabalho orientado para o operário no seu cotidiano cruel e alienante. Seguramente ajudaram pessoas, certamente uns e outros funcionários da empresa são-lhes eternamente reconhecidos. A principal função, no entanto,

---

15. Em Marx (1982: 379) encontra-se a matriz do raciocínio: "A concentração de grandes quantidades de meios de produção em mãos de cada capitalista é, portanto, condição material para a cooperação dos assalariados, e a extensão da cooperação ou a escala da produção depende da amplitude dessa concentração".

foi participar das formas de planejamento e de administração que a empresa utilizou nas diferentes situações sociais.

Em 1983, a empresa decidiu eliminar o departamento de serviço que contribuiu, efetivamente, para o enfrentamento da crise. De dezembro de 1983 a dezembro de 1984 foram demitidas mil pessoas não diretamente ligadas à produção. Essa foi uma política de "cortes estruturais" que garantiu, dois anos mais tarde, um novo crescimento do desempenho da empresa. E o atual impulso do setor siderúrgico provavelmente favorecerá a reconstrução do departamento de serviço social, possivelmente com outras atribuições, mas cumprindo a sua função de coordenação social.

Dessa história ficam duas conclusões: a primeira, de que os assistentes sociais de empresa, ao se perguntarem "qual é o nosso negócio?", poderiam responder: "nosso negócio é serviço", compreendendo a problemática que envolve a condição de serviço nas organizações e o que daí decorre.

A segunda se refere à coordenação social na empresa. Essa coordenação social, na medida em que alcançou uma população de 10.000 trabalhadores, já tinha se tornado um controle social e político, numa época em que também o Estado privilegiava essa função. Pelo visto, as empresas cumpriam desse modo o que Drucker (1975: 344-74) concebe como a "responsabilidade social" da empresa.

Hoje em dia, quando se fala em responsabilidades sociais de empresas, a ênfase "é sobre o que a empresa deve e pode fazer para enfrentar e resolver os problemas da sociedade" (Drucker, 1975: 344). Realiza-se, portanto, também pelas mãos dos assistentes sociais, a interpenetração das funções do Estado e das funções do capital, perdendo-se a força distintiva das esferas pública e privada. O mundo trabalhista tornou-se "uma esfera *sui generis* entre setor público e setor privado — tanto na consciência dos funcionários e trabalhadores quanto, também, daqueles que dispõem de competências mais amplas" (Habermas, 1984: 181). De um lado, assiste-se ao "desaparecimento do privado" no âmbito do trabalho social; de outro, "a crescente descrença na capacidade do governo de resolver os principais problemas sociais" (Drucker, 1975: 348) justifica novos serviços e novas relações, que ligam o empregado mais à empresa do que às pessoas. "O *oikos** de uma grande empresa determina, assim, a vida de uma cidade, e acarreta um fenômeno que, corretamente, é designado como feudalismo industrial. . ." (Habermas, 1984: 183).

Como profissional de serviço, o assistente social da empresa participa do processo de desprivatização da esfera profissional, que a ele e aos trabalhadores se apresenta como privatização; é a ilusão de uma esfera só aparentemente privada.

---

* A esfera do *oikos* na *polis* grega é a esfera particular, privada, do cidadão livre.

Capítulo III

O Serviço Social e o trabalhador: entre corações e mentes

O grande mercado em que a sociedade de classes se transformou se desdobra em diferentes tipos de mercadorias que se articulam com numerosas necessidades, mas que no seu processamento de troca e de consumo arrastam consigo uma quantidade imensa de força de trabalho sucateada. Na verdade, o grande mercado consome os serviços que administram o lado oculto da sociedade.

Esses serviços controlam as misérias humanas da sociedade desigual, concentrados nos aglomerados urbanos, configurando o estrato dos desamparados e dependentes; são a condição onerosa que a sociedade tem de suportar para manter diferentes níveis de renda, diversos padrões de vida e desiguais formas de consumo. Nos grandes centros urbanos, onde a industrialização acelerada deixa um profundo rastro de injustiça e miséria, instalam-se instituições de todos os tipos, com todos os objetivos imagináveis, para dar conta dos desgarrados do processo. O grande mercado só funciona para os economicamente ativos, mas até esses estão na mira da desgraça, principalmente se estiverem no limite da segurança social que o mercado oferece. O trabalhador urbano, que muitas vezes só é ocasionalmente absorvido pelo mercado de trabalho, aquele que se agregou à cidade através da migração e que veio do campo buscando novos meios de sobrevivência, esse homem é sujeito e objeto da miséria da cidade.

E, por constituir ameaça à ordem vigente, é preciso que dele se cuide, e dele se apropriem e se ocupem instituições afins, criadas, organizadas e especializadas para atendê-lo, ocultá-lo e atrofiá-lo como força social. Mas nos serviços, em que o problema se escancara, tornam-se visíveis os efeitos do mercado todo-poderoso que, sob o domínio do capital, é caótico e hostil aos homens que o constituem.

Como se dá a institucionalização da miséria humana? O que ocorre com os serviços cujas intenções são a ação humanista e a solidariedade social, mas que acabam por ter um efeito contrário?

Ora, já foi percorrida a concepção de serviço e suas características administrativas: o suporte às atividades produtivas, a sua inclusão de acordo com interesses sociais, políticos e econômicos nas empresas, as suas modificações internas de atribuições, prioridades e objetivos, as suas dificuldades na mensuração de custos e resultados. Tudo isso faz com que os serviços de produção incorpórea sejam consumidos por processos ou por produtos. Sua transformação é estratégica e deles dependem modos de coordenação social em organizações ou na sociedade.

O exame do serviço social na grande empresa demonstrou um aspecto específico dos serviços como subsidiários e complementares do processo produtivo executado dentro da própria empresa. Caracteriza-se o departamento de serviço social dentro da cooperação industrial. Nas modificações constantes dos interesses econômicos, assiste-se à deformação profissional, ou seja, cumprindo as regras do jogo funcional, as atribuições mudam, mas a grande função produtiva permanece. Nesse sentido, encontra-se, no departamento de serviço social descrito, uma função administrativa de política de pessoal da empresa como única função persistente no decorrer da sua existência de quase duas décadas. Nessa trajetória acentuou-se a ação política, muito mais do que a ação técnica, assim como predominaram as estratégias de controle em detrimento dos objetivos profissionais.[1]

O estudo apresentado no capítulo anterior, embora evidenciando o movimento, pode ser prosseguido através do enfoque de outra forma organizacional e de outras atividades do serviço social em outro setor da sociedade. O quadro burocrático ficará mais completo se, ao virar a página, o serviço social estiver localizado ainda dentro do circuito do capital, mas fora da empresa. Agora, porém, subordinado administrativamente à máquina governamental, portanto, usufruindo, em tese, de maior autonomia de ação, dada a distância do controle direto sobre suas atribuições e seus objetivos.

Em princípio, o serviço social serve à sociedade. Na realidade, ele serve ao processo produtivo. Mas como se dá a sua prestação de serviços quando serve indiretamente ao processo produtivo, inserido em um setor estatal, contribuindo para a reprodução da força de trabalho, condição do desenvolvimento capitalista da riqueza?

O caso que vai ser examinado é o de uma organização que lida com a reabilitação profissional dentro do sistema previdenciário.[2] Não se trata de um estudo sobre a eficácia da referida organização, mas da utilização dessa organização previdenciária para o exame do serviço social como burocracia específica.

---

1. O tema dos objetivos profissionais do serviço social não se esgota a partir de um rol de funções. Desde a sua origem, o serviço social encontra-se fortemente inspirado por um referencial axiológico ou mesmo ideológico, que lhe confere resultados sempre dependentes da lógica que o orienta. Da "integração" e "adaptação" à sociedade até a sua "transformação", os objetivos da profissão prevêem sempre alterações significativas e mudanças sociais.

2. A organização aqui referida é um centro de reabilitação profissional situado na maior capital do Brasil, que recebe segurados da previdência social de todo país.

A análise pretendida parte de dados sobre a rotina instituída, os objetivos da instituição e do serviço social no processo da reabilitação profissional. Em seguida, aponta para as relações entre os profissionais, para a dinâmica interna do processo e para a tomada de decisões nos casos atendidos.

Os acidentados do trabalho e os doentes profissionais só são encaminhados à reabilitação profissional se considerados em condições não-imediatas de reingressarem no processo produtivo. Todavia, "a capacidade laborativa residual"[3] já verificada no exame médico pericial, que constitui a razão do encaminhamento, é novamente verificada, na própria instituição, por um exame médico inicial de rotina. Só então o segurado é admitido no programa. O ato da matrícula ocorre, no máximo, quinze dias após a data de emissão da guia de encaminhamento pela perícia médica. Nessa oportunidade é indicada a equipe que deverá tomar conta das etapas do processo para cada segurado.

Esta equipe individual é composta, rotineiramente, de um médico, um assistente social, um psicóloco, um fisioterapeuta e um terapeuta ocupacional, coordenados por um técnico de qualquer uma dessas categorias profissionais. Ao médico que atende o cliente, no primeiro momento, cabe "prescrever o tratamento e orientar as demais atividades de recuperação, objetivando a integração social do cliente".[4] Essa avaliação inicial é complementada pelo estudo do caso feito em entrevista pelo assistente social, que decide, juntamente com o médico, a qualificação para o programa de reabilitação profissional. Nessa ocasião, são explicados os objetivos do centro de reabilitação, as formas do atendimento, as funções de cada etapa da programação e quais as obrigações do reabilitando. Uma vez feito o diagnóstico e o prog-

3. Terminologia institucional.

4. Segundo as Normas de Reabilitação Profissional, MPAS-INPS, Secretaria de Bem-Estar, s.d. (vigentes por ocasião da pesquisa).

nóstico, o caso é discutido em reunião da equipe toda, de acordo com os dados registrados na avaliação inicial. Nessa reunião é estabelecido o fluxo do cliente: por quais técnicos da equipe deverá ser assistido e como. Pode-se resolver, nessa reunião, que o caso não deva ou não possa ser enquadrado na rotina. Isso vai depender das dificuldades circunstanciais, ou seja, das possibilidades que o cliente tem de acompanhar ou não o programa, seja por questões que se resolvam ou não. A inelegibilidade, portanto, pode ser temporária ou permanente. Estabelecido o caminho institucional a ser percorrido e informado o cliente dos seus horários de atendimento, tem início o programa individualizado. Trinta dias depois do início da execução do programa prescrito, é realizada a primeira reunião de reavaliação do cliente e do processo executado. Nessa reunião, a equipe estuda o caso em sua evolução e verifica o aproveitamento e os resultados alcançados. De acordo com esse estudo, é prescrito um novo ciclo de execução do programa, com as alterações necessárias dentro do fluxograma estabelecido. Nessa reunião, também é possível concluir-se pelo desligamento do cliente; ou pela conclusão do programa e, conseqüentemente, retorno à atividade produtiva; ou desligamento por abandono, recusa; ou, ainda, pela ausência de condições de retorno à atividade remunerada. O prontuário contendo as devidas informações a respeito do prosseguimento ou encerramento do caso é encaminhado à coordenação da equipe que informa ao cliente o que foi resolvido a seu respeito. Se foi o desligamento, o cliente retornará à perícia médica do INPS, que tomará as providências necessárias de encaminhamento final: aposentadoria por invalidez, prorrogação do afastamento, etc.

Essa rotina evidencia o objetivo declarado da instituição, configurado como a reabilitação profissional possível, dentro das condições físicas, sociais e mentais do cliente. Os objetivos explícitos do serviço social na instituição são o "estudo da realidade social do cliente e o tratamento dos problemas psicossociais que possam ter interferência no processo de reabilitação profissional".[5]

É, portanto, "responsabilidade do assistente social como profissional da equipe, fornecer uma síntese e conclusão diagnósticas, uma visão integrada e contínua do cliente, abordando os aspectos relativos a atitudes e reações, em face da deficiência física e do programa; e selecionar e adotar medidas terapêuticas, através do estímulo de interesses, visando a mudança de atitudes e a solução de problemas".[6]

Conforme a rotina evidencia, a organização da instituição em questão não é a clássica, departamentalizada por categorias profissionais ou funções. A idéia central é a unidade de trabalho — "equipe de reabilitação profissional" — e a programação, por mais que cumpra um roteiro estabelecido, é determinada pelos técnicos, em reunião de estudo do caso. O número de funcionários da instituição é de aproximadamente 230, dos quais 130 técnicos e 100 administrativos. Trata-se, portanto, de uma organização complexa, em que 230 funcionários atendem, em média, 4.900 clientes por ano, dos quais cerca de 3.900 concluem os programas a cada ano. O atendimento médio diário é de dezesseis clientes, se considerados trezentos dias úteis anuais.[7] Para esse atendimento, a organização conta com doze equipes de sete a nove técnicos, além do setor de pesquisa de mercado, que conta com vinte técnicos, todos de nível superior. Esse número total de pessoas, que ultrapassa a cifra de cem, comporta quarenta assistentes sociais, o que confere a essa categoria profissional a posição de agente privilegiado, pelo menos em quantidade. A maioria do pessoal técnico é constituída de mulheres; dentre o pessoal masculino, há os que se ocupam

5. Veja-se as Normas de Reabilitação Profissional, MPAS-INPS, Secretaria de Bem-Estar, s.d.

6. *Idem*, MPAS-INPS.

7. Esses dados são baseados nas Tabelas 1 e 3 (Cohn *et alii*, 1985a: 39-41) sobre os casos registrados na instituição, de 1972 a 1982.

dos serviços administrativos, de fisioterapia e de terapia ocupacional, além do pessoal médico.

O serviço social, portanto, tem na organização uma posição relevante.[8] No período em que foi realizada a pesquisa (de 1984 a 1985), também o cargo de direção era ocupado por uma assistente social. Entretanto, trata-se de uma instituição médica *latu sensu,* onde o médico é o profissional que dá a primeira e a última palavra, tanto para admitir o cliente como para desligá-lo: o exame físico, embora referido à capacidade laborativa residual, determina o diagnóstico, o tratamento e as atividades de recuperação, de tal modo que, uma vez qualificado, o cliente deverá seguir a conduta médica prescrita. Nessa trajetória, cabe ao assistente social coordenar as instâncias que contribuem para a reabilitação programada. Essa tarefa acaba por pretender suprir as falhas eventuais dos outros profissionais e leva à imagem de que o assistente social quer resolver tudo sozinho. A entrevista inicial, que o assistente social realiza logo após o exame médico, tende a abarcar informações complementares ao exame físico. Cumpre, assim, a norma que estipula "a síntese e conclusão diagnósticas e uma visão integrada do cliente" e se torna, necessariamente, uma avaliação contínua da relação paciente-instituição, dada a freqüência com que são feitas as entrevistas.

O assistente social é, portanto, o único técnico que acompanha o caso de ponta a ponta, tornando-se, assim, o "dono do caso". Cabe-lhe registrar no prontuário o andamento do tratamento, as atitudes e reações do cliente, suas dificuldades objetivas e subjetivas, as possibilidades da instituição diante das necessidades e limitações do segurado e as maneiras como este entende os planos e as recomendações

---

8. O assistente social cadastra o cliente em termos de sua situação previdenciária, profissional, nível de escolaridade, situação familiar e econômica, condições de habitação e apresenta sua impressão diagnóstica em termos de prognóstico e plano de tratamento. Acompanha cada caso até o término da programação e avalia o desenpenho do cliente perante a instituição.

da equipe. O prontuário passa a ser, na organização, o dossiê da vida do segurado e o principal registro é feito pelo assistente social. É ele que escreve a vida institucional do cliente e, como todo autor, torna-se proprietário de seu personagem: faz o que pode, "assumindo atribuições que são da competência de outro", como dizia um entrevistado. Nem sempre consegue delegar tarefas complementares para recolocação do acidentado na empresa onde se acidentou, o que é atribuição do técnico da área profissional. "Os prontuários refletem as pessoas que os escrevem e não os clientes", comentava outro entrevistado, e esta afirmação mostra como os registros são instrumentos do poder institucional. Até mesmo a crítica freqüente aos médicos se reporta à forma sucinta e tecnocrática com que fazem o registro da sua parte nos prontuários. Significativa, no manual da instituição, é a norma que orienta o atendimento médico: explica minuciosamente como deve ser feito o exame inicial, apresenta detalhes sobre como proceder a anamnese, o exame clínico em todos os sistemas do corpo, aponta para os aspectos que devem merecer especial atenção para o tipo de tratamento, como, "nos amputados o estado da pele deve ser sempre objeto de consideração" ou "o exame de rendimento cardíaco servirá de base e recomendação à área profissional". Cabe ao médico, também, fazer as prescrições paramédicas: fisioterapia, terapia ocupacional, foniatria, audiologia, próteses e órteses. "O sucesso de qualquer programa de reabilitação profissional repousa, basicamente, numa avaliação médica bem feita e bem orientada" diz o manual, mas quem controla o processo é o assistente social, embora exista a prescrição de que é ao médico que compete acompanhar a evolução do cliente.[9]

Cada equipe, em tese, sendo responsável pelos seus clientes, dispõe de certa autonomia. No entanto, a responsabilidade mal distribuída e a própria atitude de dominação do

---

9. Interessante notar que o documento "Normas de Reabilitação Profissional", freqüentemente citado como "manual", foi redigido por 27 técnicos da instituição, dos quais dez são assistentes sociais e seis são médicos.

processo tomada pelos assistentes sociais sobrecarregam esses profissionais que acabam por tomar conta de tudo, em função do sucesso dos seus casos. Não há supervisão funcional para outros técnicos da equipe, mas somente para as assistentes sociais. A única chefia interna especializada é a de uma assistente social, que, por ter exercido anteriormente a função de coordenadora técnica sem gratificação, recebeu o título de "chefia de área" e passou a exercer o cargo, após a mudança da direção para uma colega de profissão. Sua competência foi estabelecida no sentido de uniformizar o atendimento técnico, supervisionar as atividades dos assistentes sociais e administrar os problemas de rotina do grupo profissional. Considera-se porta-voz da direção aos assistentes sociais e vice-versa, e procura ampliar o âmbito e a qualidade do trabalho das suas colegas. É uma das assistentes sociais mais antigas da instituição e, por causa disso, refere-se a outros tempos, em que havia mais recursos e mais estímulo para o trabalho. Comentou que o atendimento à família do segurado (que faz parte do "tratamento dos problemas psicossociais" conforme as normas do manual) já não é mais realizado como prescrito: nem sempre é possível alguém da família acompanhar o caso e ouvir as recomendações. Falta dinheiro, falta tempo e os segurados não têm mais comparecido em companhia de alguém da família. Os técnicos notam, também, uma resistência do segurado ao seguimento do programa: às vezes quer se aposentar, outras quer voltar a trabalhar. Mas quando percebe que a instituição não tem o recurso necessário para cumprir as recomendações dos técnicos, é o próprio segurado que denuncia a instituição, alegando sua ineficácia.

Nas equipes ocorrem problemas de relacionamento, causados pela desigual distribuição de trabalho. Existe um coordenador para cada equipe multiprofissional. Essas equipes que acompanham o reabilitando comportam três assistentes sociais e dois psicólogos, além dos demais técnicos em número de um por especialidade. A própria dinâmica interna estabeleceu esses números. Para cada paciente é designado um técnico de uma especialidade, formando o conjunto a equipe de acompanhamento individual. A proporção de trabalho, previamente calculada, leva em conta que as tarefas de cada assistente social são três vezes mais numerosas e demoradas que as dos outros especialistas, salvo os psicólogos, que devem também ter mais atribuições.

O mesmo médico atende todos os casos indicados pelo coordenador e encaminha o cliente para um dos três assistentes sociais disponíveis para acompanhar o caso. Daí, tanto o médico como cada técnico serem os mesmos para cada cliente durante a programação individual de reabilitação. Mas isso não quer dizer que a divisão do trabalho seja por tempo necessário ao atendimento que cada um realiza. Os diagnósticos médicos são rápidos e, por repetirem, na maioria das vezes, o veredito da perícia médica anterior, não supõem exames complementares de laboratório. Segundo as normas técnicas contidas no manual, o exame físico "deve ser orientado, objetivando coligir o máximo de dados relacionados com a incapacidade, para que fique caracterizada em seus mínimos detalhes, a fim de possibilitar a análise correta da evolução. . ." Mas na medida em que o assistente social é o responsável pela análise da evolução do caso até o encerramento, e lhe cabem muito mais entrevistas e contatos, o médico escolhe o assistente social que prefere para complementar o exame que fez, e que caracteriza bem a incapacidade física do cliente. Afinal, o mesmo médico tem à sua disposição três assistentes sociais e, não havendo um número limite de casos para cada profissional, ocorre um desequilíbrio nos encaminhamentos.

Além disso, nota-se que a demanda é superior ao número de vagas adotado convencionalmente. Fica, portanto, para a coordenadora técnica da equipe intermediar o impasse. É claro que existe a norma que prescreve o volume de serviço diário: entrevistas com dois casos novos por dia e com quatro casos em prosseguimento, mas não se limita o número. São contados somente três dias de trabalho por semana para o atendimento da clientela na instituição, meio dia para reunião e dois dias para os serviços externos!

Em muitas organizações o serviço externo é, tradicionalmente, uma prerrogativa dos assistentes sociais. O trabalho do assistente social não se deve dar somente nos gabinetes ou nos recintos institucionais; a visita domiciliar assim como as visitas a outras instituições tornaram-se tarefas obrigatórias nos estudos dos casos individuais. O serviço social, nas organizações mais antigas, onde ainda foi implantado com o seu *status* original, pôde manter essa modalidade de trabalho. No centro de reabilitação, é considerado pelos outros técnicos como um privilégio: o serviço externo é remunerado, acrescentando ao salário uma ajuda de custo por visita. Além disso, pode ser feito no horário que convém ao profissional, o que significa que, em dois dias por semana, o horário oficialmente estabelecido não conta, facilitando o cumprimento de outras obrigações da vida doméstico-familiar. Não há controle sobre a efetivação desse serviço externo. O seu objetivo é vincular a empresa de onde provém o segurado ao tratamento que faz, buscando garantir-lhe a volta, na mesma ou em outra função. Por essa razão, somente aos assistentes sociais e aos sociólogos do setor de pesquisa é conferida essa atribuição. A responsabilidade, portanto, pelos destinos do cliente acaba mal dividida e ainda desequilibra as relações interpessoais na instituição. Mais uma vez, a atribuição abrangente do assistente social desenvolve uma dominação: ele acaba fazendo tudo pelo seu cliente, despreza o limite imposto pela divisão interna do trabalho e atropela a tarefa para a qual existe um setor afim, no caso, o serviço de pesquisa do mercado de trabalho. Na verdade, essa divisão de tarefas e responsabilidades é complicada: ao assistente social atribuem-se "atividades na comunidade", que acabam por ser entendidas como visitas às empresas para a interpretação da reabilitação profissional. Aos psicólogos, confere-se o aconselhamento profissional e aos sociólogos a pesquisa do mercado de trabalho. Mas todas essas competências são, também, esperadas dos assistentes sociais. Daí, verifica-se uma rivalidade nas atribuições, que desencadeia uma constante hostilidade nas relações internas de trabalho.

Mesmo assim, ou talvez principalmente por causa desses fatores, a questão fundamental da recolocação do reabilitado no mercado de trabalho não se resolve.[10] Se por um lado, cada visita e cada contato só atendem aos objetivos de um programa individual, e por outro lado o próprio mercado de trabalho é resistente à fixação de reabilitados no seu quadro de funcionários, como superar a questão? Como, em última análise, atingir o próprio objetivo da organização, que é reconduzir o segurado ao trabalho remunerado? O que se sabe do cliente antigo, que retorna à instituição para reparo ou reposição das próteses e órteses?[11] Essa é uma boa idéia para pesquisar as conseqüências do trabalho realizado. Sabe-se que a fixação do reabilitado no mercado de trabalho está sujeita a diversos fatores sociais. Num período de diminuição da oferta de empregos, as dificuldades são muito maiores. Além disso, talvez mesmo pelo excesso de mão-de-obra desempregada ou pela ameaça inevitável do in-

---

10. É possível fazer essa afirmação consultando algumas tabelas elaboradas pela equipe de pesquisa sobre acidentes do trabalho, que constam do Relatório Final "Instituição e Indivíduos: Reprodução e Representação", CEDEC/ANPOCS (Cohn, 1985b), Tabelas 10 e 11. De uma amostra de 197 casos atendidos no CRP de 15-05-80 a 07-08-80, 54,3% encontravam-se efetivamente trabalhando, 14,7% não mais retornaram ao trabalho, 16,2% encontravam-se em situação ignorada, 9,1% estavam fora de São Paulo e para 5,6% foi reaberto o programa de reabilitação no Centro. Esses números mostram que os dados fornecidos pela instituição atestam que apenas 54% dos reabilitados retornaram à atividade produtiva, comprovadamente. Por outra tabela, verifica-se que a instituição registra os pareceres finais que constam dos prontuários: 77,5% dos casos recebem o parecer para retorno à atividade produtiva, dos quais 3,8% para a mesma atividade anterior ao acidente e 73,7% para atividade diversa. Outras amostras não-publicadas, mas que foram estudadas no período de 1982 a 1985 para os trabalhos citados na Introdução desse estudo, evidenciam a mesma proporcionalidade, além dos depoimentos dos técnicos entrevistados.

11. A própria instituição não fazia esse levantamento no período das pesquisas, daí a precariedade dos dados.

sucesso da reabilitação, não se estabeleceu uma política mais efetiva ou um trabalho mais agressivo. Dilui-se, portanto, a responsabilidade social da instituição, desligando-se o caso após seis meses de providências e acompanhamento.

Os técnicos vêem-se obrigados a tentar soluções e encaminhamentos não instituídos. Desvincular o reabilitado do mercado de empregos, assegurando-lhes os direitos previdenciários, através da condição de segurado autônomo, passou a ser considerada uma estratégia de sobrevivência na sociedade. Mas não se pode evitar que os técnicos, conhecendo as dificuldades reais de cumprir os objetivos institucionais, não reflitam sobre novas e inusitadas decisões. Afinal, têm uma cabeça e uma liberdade. Todavia, essas iniciativas são veladas e são um bom exemplo dos fracassos das propostas institucionais ante a realidade.

Normas de rotina, referentes a cumprimento de horários, também não são respeitadas por todos ao mesmo tempo. O privilégio do médico de trabalhar quatro horas não é partilhado pelos demais técnicos, cuja obrigação é cumprir seis horas diárias. A luta surda, que se repete em todas as instituições médicas, também acontece nessa organização. Os dois períodos estipulados, das 7 às 13 horas e das 12 às 18 horas são vagos, causadores de conflitos e tensões. As reuniões periódicas de entrosamento dos setores refletem bem esse impasse: embora marcadas com a antecedência de um mês e num horário que abranja o pessoal escalado para os dois períodos, estão constantemente vazias. O comparecimento fica na dependência das possibilidades individuais, os assuntos se perdem e não se faz um balanço coletivo dos problemas existentes nem das propostas para resolvê-los.

Mas não só os recursos humanos prejudicam o trabalho da instituição: também os recursos materiais, mal distribuídos e tardios, transformam certas rotinas simples em momentos de angústia e dominação. A verba orçamentária implica o atendimento ao seguinte: próteses e órteses; despesas com condução, medicamentos e serviços externos; manutenção e administração da organização. Ora, na medida em que essa verba depende de um ministério ao qual nenhuma autoridade local tem acesso direto e em que o envio do montante é baseado em cálculos feitos um ano antes, tanto os atrasos causados por tramitações político-administrativas, como a inflação modificaram o ritmo do trabalho e dos resultados. Embora o prazo estipulado para assegurar o êxito do programa para os segurados seja, segundo as normas, igual a 180 dias, a pesquisa citada sobre acidentes de trabalho (Cohn *et alii,* 1985a: 47) calculou que quase 6% dos clientes permanecem mais de 180 dias em reabilitação profissional, mas 44% permanecem menos de vinte dias. Isso evidencia que quase 50% dos segurados matriculados nem realizam um processo eficiente de reabilitação. Por outro lado, 50,1% permanecem na instituição de 21 a 180 dias. Tanto o fornecimento irregular do material ortopédico, os recursos materiais insuficientes nas oficinas ocupacionais, como a impossibilidade de fornecer auxílio para transporte ou pagamento de estadia podem prolongar o tempo de reabilitação, como também causar o desligamento precoce por absoluta falta de condições institucionais. Para administrar a escassez dos recursos, cabe ao assistente social elaborar uma lista de espera de clientes e critérios para as prioridades. Entretanto, não é a ordem cronológica da comprovação da necessidade que garante ao cliente o merecimento da parcela do recurso. Como o objetivo maior é reconduzir o reabilitado à atividade remunerada, logo que se verifica o interesse de uma empresa em determinado cliente, a ele cabem maiores atenções e o direito de adquirir o equipamento ortopédico indicado com prioridade sobre os demais. Mais uma vez, é o assistente social quem decide, pois a ele cabe estabelecer os critérios de distribuição da verba.

Não é só esse aspecto que confere ao assistente social uma responsabilidade maior pelo caso: o insucesso da recondução à atividade remunerada — ora ocasionado pela resistência do acidentado em função de uma promessa de aposentadoria, ora causado pelo interesse do cliente em se aposentar para enfrentar um mercado de biscates, com uma quota de subsistência garantida, ora, ainda, conseqüente da efetiva falta de emprego no mercado do qual procede — significa a continuação da luta do assistente social pela obtenção do objetivo institucional. Quando não há mais trabalho para os demais técnicos e todos já cumpriram a sua parte, mas o objetivo da recolocação do cliente no mercado não se efetivou, o assistente social responsável pelo caso é que precisa ver como resolve a vida do indivíduo. Então é comum, segundo os prontuários, que o profissional sugira ao segurado que procure, por si mesmo, na empresa de onde provém (ou em outra que conhece), as possibilidades de emprego. Aí, dependendo da receptividade do chefe do departamento de pessoal, o reabilitado é recolocado, pelo menos na condição de estagiário. A própria instituição não verifica se o estágio, mais tarde, se transforma em contrato de trabalho. Os prontuários registram o encerramento do caso no centro, quando o cliente apresenta ao assistente social uma carta-resposta, assinada geralmente pelo assistente social da empresa, em que é atestada a aptidão para determinada função e não a colocação definitiva no emprego.

Os departamentos de pessoal e os serviços sociais das empresas funcionam, assim, como um prolongamento do centro de reabilitação. É dado mais um parecer sobre a condição do reabilitado, sem, no entanto, a instituição governamental atingir o seu objetivo expresso: o efetivo reingresso do trabalhador no mercado formal de trabalho.

Observa-se que, por um lado, o profissional de serviço social nessa instituição se sente sobrecarregado; por outro, a responsabilidade que lhe cabe lhe confere um poder do qual não abre mão. Como "dono do caso", o assistente social é o técnico que decide se o acidentado tem ou não condições "psicossociais" para fazer todo o tratamento prescrito. Nesses termos, é ele o profissional que decide pela possibilidade da reabilitação e pela relação que estabelecer para o segurado na sua condição de cliente. Mas isso envolve, necessariamente, o reconhecimento da sua autoridade pelos demais técnicos. Nota-se uma grande resistência dos assistentes sociais a dividir com outros profissionais o que sabem, assim como a partilhar com os seus pares o que o cargo lhe garante. Quiçá seja esse o modo com que pretendam manter o seu poder na instituição. A própria supervisão dos prontuários, feita periodicamente pelos níveis superiores da coordenação técnica regional, é objeto de um mal-estar que, embora precise ser superado, os assistentes sociais gostariam que pudesse ser realizado por elemento do próprio centro. Nas palavras da supervisora dos assistentes sociais, a hierarquia informal que se estabelece na instituição "sobe à cabeça" dos assistentes sociais.

A promoção formal dos assistentes sociais nessa instituição resulta numa dominação sobre os colegas de profissão, que desenvolve um clima de tensão sempre que os subordinados se sentem "cobrados" por seus colegas. Há, segundo alguns depoimentos, uma forma específica de hierarquia estabelecida pelos profissionais de serviço social na instituição, que não é o cargo, mas sim o poder profissional, que define. Disputa-se a competência sobre a área de relacionamentos. A apropriação da clientela por parte do assistente social passa a ser julgada — e, portanto, disputada — entre seus pares, que se diferenciam numa relação hierárquica não mais crivada pelo saber. O que está em pauta é o fato de a formação profissional em serviço social enfatizar o uso dos princípios de relacionamento com os clientes, princípios esses que facultam ao técnico o conhecimento de detalhes da individualidade do sujeito em causa e, portanto, da possibilidade de lhe ditar as normas institucionais. É esse segundo passo que legitima a prática institucional do assistente social que, dono de informações particulares, acaba por convencer o cliente a resolver suas necessidades dentro das possibilidades e dos objetivos institucionais. "O que é bom para o cliente é exatamente aquilo que a instituição pode oferecer; no caso, a carência" (Cohn *et alii,* 1985b: 21).

Outros assistentes sociais reconhecem a autoridade do médico e, cumprindo a rotina, fazem a entrevista obrigatória somente para “ganhar tempo”: na verdade, nada acrescentam ao diagnóstico e também não realizam um plano de tratamento psicossocial; encerram o caso, se o médico o encaminha para cirurgia. Embora a norma institucional considere o trabalho do assistente social como “orientado para a família, a equipe e a comunidade”, visando abranger “os fatores ambientais de interferência”, a relação assistente social-cliente limita-se, na maioria dos casos, a diálogos com o reabilitando e providências para ele.

Esse relacionamento tem sua contrapartida: o segurado também desenvolve comportamentos individualistas e defende-se, como pode, das decisões institucionais. No caso, por exemplo, de não concordar com o diagnóstico médico, pede outro exame ou entra com recurso e, no fim, move uma ação. Ao chegar até o juiz, ganha a causa e sua aposentadoria. Não há, por parte da clientela, o reconhecimento de que os direitos do trabalhador lesado são uma causa coletiva. Parece que o destino, tendo descartado a possibilidade de adaptação ao mercado produtivo, fica devendo uma resposta obrigatória e individual a cada reabilitando. E nada se faz ou muito pouco se consegue, durante o processo de reabilitação, para “formar um cidadão cônscio de seus direitos para lutar coletivamente”, conforme um dos depoimentos.

Existe, outrossim, uma concordância, entre os profissionais entrevistados, de que o próprio processo de reabilitação profissional é uma etapa solitária e desprestigiada na trajetória do segurado. Convém lembrar que consta nos prontuários que muitas cirurgias de amputação são realizadas sem que se considere a possibilidade de colocação de prótese ou mesmo do uso futuro do membro mutilado. Não há nenhuma forma de decisão conjunta entre o hospital que atende o segurado após o acidente de trabalho, o médico da perícia do INPS que encaminha o caso e o centro de reabilitação. Já se tentou fazer com que o trabalho da perícia médica se realizasse dentro do centro de reabilitação, para vincular o diagnóstico ali formulado às possibilidades de reabilitação existentes. Isso evitaria que o quadro final dado pelo centro de reabilitação, com as orientações necessárias para o prosseguimento do caso, fosse desrespeitado pelo perito, o que tem acontecido até com freqüência. Alegam os técnicos mais antigos da instituição que, desde o seu começo, "ninguém nunca soube e nunca foi olhar o que se fazia na reabilitação profissional". A falta de prestígio da reabilitação profissional no sistema previdenciário, o enfoque individualista dos casos, a dificuldade de se configurar o produto final e as reais condições de trabalho do segurado, a complicada questão do atraso da dotação orçamentária ou mesmo da insuficiência dos recursos, somados à teia interna de poderes em conflito — tudo faz da instituição uma entidade burocrática, em que as normas definem o espaço, o tipo de saber explicita as relações internas desse espaço e a racionalidade é realizada tendo em vista os fins institucionais.

Nas avaliações que se fazem no centro de reabilitação, discutem-se principalmente as diretrizes em detrimento da discussão técnica das diferentes competências. Esse é um traço típico da administração burocrática, que considera necessário resguardar segredos e poderes. "A obediência às regras, originalmente concebida como um meio, transforma-se num fim; então ocorre o processo familiar de deslocamento dos objetivos, pelo qual um valor instrumental torna-se um valor terminal" (Merton, 1970: 275).

A instituição é o palco do espírito de corpo que se instala nos grupos profissionais, principalmente dentre os assistentes sociais. As pessoas são solidárias entre si, não permitindo críticas e resistindo a mudanças. A imagem da instituição é passada ao cliente através do relacionamento que o assistente social estabelece com ele: quando é simpático e há recursos disponíveis para atendê-lo, a imagem da instituição torna-se favorável. Quando isso não ocorre, a responsabilidade da incompetência institucional e a justificativa da baixa eficácia é transferida para a clientela. A carência global que caracteriza o acidentado do trabalho ou o doente profissional justifica a ausência de resultados institucionais satisfatórios. Enquanto isso, a complexidade da burocracia se realiza numa organização em que a pirâmide do poder está de cabeça para baixo: os grupos profissionais disputam a autoridade no nível superior e, na falta dos subordinados hierárquicos tradicionais, exercem o seu poder disciplinar sobre a clientela, desenvolvendo, nessa relação, expectativas de comportamentos amoldados às rotinas institucionais.

Capítulo IV

Burocracia *versus* eficácia social

Nos capítulos anteriores, procurou-se descrever o serviço social como uma prática profissional exercida tanto na empresa como na máquina estatal, escrevendo uma história e ocupando um espaço que permitiu compreendê-lo como um caso particular de serviço, e, portanto, de apoio à administração dos interesses e das políticas organizacionais. O que importou foi descrever o movimento e as regras do jogo do funcionamento de duas organizações, em que o serviço social perseguiu objetivos institucionais e profissionais pertinentes à sua posição. Daqui para a frente é preciso interpretar os mesmos dados frente a elementos não mais somente da lógica organizacional, mas da própria orientação profissional. A intenção é verificar se comportamentos regulares dos assistentes sociais constituem um comportamento coletivo, de interesses comuns, legitimados por valores axiológicos dados na formação profissional. Nesse universo pretende-se mostrar como a eficácia e a burocracia se confundem, obscurecendo o compromisso profissional dos assistentes sociais.

Para tentar alcançar uma análise abrangente que ao mesmo tempo destaque os enfoques específicos, os dados obtidos nas entrevistas dos assistentes sociais dos dois serviços serão discutidos segundo dois aspectos que constituem o escopo da formação profissional: a organização e a clientela.

No Brasil, a formação do assistente social carrega em seu bojo uma forte influência da doutrina social da Igreja que, a partir de 1932, orienta os cursos promovidos pelo Centro de Estudos e Ação Social de São Paulo (CEAS) para "tornar mais eficiente a atuação dos trabalhadores sociais" e "adotar uma orientação definida em relação aos problemas a resolver, favorecendo a coordenação de esforços dispersos nas diferentes atividades e obras de caráter social" (Iamamoto & Carvalho, 1982: 173). Em 1936, é fundada a Escola de Serviço Social de São Paulo, a primeira no gênero a existir no Brasil.[1] Em pouco tempo, constituiu-se uma demanda por um profissional habilitado, através de uma formação técnica especializada, que desenvolvesse a competência de gestar a assistência social tanto de iniciativa estatal como privada. Os programas para a formação do assistente social sofrem uma certa racionalização em busca da adequação à demanda institucional (Departamento de Assistência Social do Estado, Lei n.º 2.497, de 24-12-1935), que tem por função explícita assistir de modo direto os socialmente desprotegidos, prioritariamente os menores, através do serviço social de casos individuais; e, indiretamente, as obras sociais particulares através de orientação técnica e administrativa (Iamamoto & Carvalho, 1982: 178). Mas o conteúdo doutrinário da formação profissional do assistente social permanece imprimindo, ainda por muitas décadas, o sentimento de justiça social e caridade cristã que inspirou os primeiros cursos de serviço social em São Paulo e no Rio de Janeiro, e que sempre se manifestou na literatura profissional, desde os primeiros escritos estrangeiros (predominantemente americanos, ingleses e belgas).

---

1. Ver também, a esse respeito, de Yasbek (1977), "Estudo da evolução histórica da Escola de Serviço Social de São Paulo no período de 1936 a 1945", dissertação de mestrado em Serviço Social — PUC-SP (mimeo.).

Vocação e profissão têm sido tematizados de há muito tempo, tanto nas salas de aula, quanto na literatura afim. Os assistentes sociais parece que precisaram discutir o conteúdo moral da transição da vocação para profissão como objeto de uma absolvição divina, justificando-o pela necessidade de continuidade do "exercício nobre de servir à sociedade e não ser servido por ela."[2] Estava em questão o conceito weberiano de "escolhido" *(Berufener)*, legitimado pela sociedade e pelo Estado através do diploma da habilitação profissional.[3] É como se as velhas figuras do passado, o mágico e o profeta, fossem evocadas quando se lê que "a vocação para servir e não ser servido é o inesgotável manancial, onde o assistente encontra o segredo das transformações humanas e sociais que pode operar em sua ação" (Mancini, 1940b: 2). Esse dom missionário da categoria profissional transformou-se, através do espírito de corpo, no sistema ético próprio definido pela função social, que orienta o exercício profissional até hoje. Percebe-se, no discurso dos assistentes sociais, a referência explícita à preocupação de manter e melhorar sempre a qualidade da sua atuação para com a

---

2. "É verdade que a carreira de assistente social não oferece em parte alguma grandes possibilidades de lucro, sendo os ordenados apenas compensadores. Isso tem a vantagem de afastar da profissão as pessoas pouco generosas, que vêem no trabalho somente um meio de vida. Esses elementos viriam, sem dúvida alguma, prejudicar fortemente o serviço social. Carreira que se inicia entre nós, exigindo, dos que querem segui-la, dedicação e desinteresse pessoal, poderia ter o seu objetivo desvirtuado se fosse exercida mais pelas vantagens que oferece do que pelo ideal que representa." Ver "A formação do assistente social", in: *Serviço Social,* ano I, n.º 11, São Paulo, novembro de 1939.

3. O tema era bastante debatido. Um artigo publicado em 1940 destaca: "O Serviço Social é uma vocação. Pressupõe, necessariamente, nos seus agentes, acentuada inclinação para o apostolado social. Sem essa vocação, que remove as asperezas do terreno, o processo de reajustamento rapidamente involuiria para o sistema de *guichets* (. . .) O exercício de uma profissão dessa natureza por pessoas não-diplomadas por escolas idôneas acarreta um prejuízo facilmente avaliável. . . no Serviço Social os elementos nessas condições constituiriam uma desgraça que o Estado pode evitar". Ver Mancini (1940b: 2 e 6).

população que atende. Essa preocupação torna-se tão violenta que acaba gerando conflitos até ideológicos em ocasiões em que se debate o compromisso profissional longe das instituições onde se deve realizar. Tem-se a impressão, como em toda corporação, que os assistentes sociais, em relação à lógica organizacional instituída, sustentam certa autonomia. Mas na hora do exame da prática efetivamente exercida, o assistente social se subordina de modo próprio aos métodos políticos e administrativos estabelecidos e essa suposta autonomia não se realiza.

Pelo objeto de suas atividades compreende-se melhor os objetivos profissionais do serviço social. Como em todos os serviços, os limites da atuação dos assistentes sociais são fornecidos pela própria organização, que estabelece os parâmetros do objeto do trabalho profissional. Então o ideário profissional vai se diluindo, na mesma medida em que vai sendo transposto para o espaço organizacional. Ali, outro ideal se sobrepõe ao ideal profissional: o esforço conjunto de trabalho justifica a convergência de contribuições em diferentes condições para a consecução de um mesmo fim. De fato, é possível fazer essa afirmação analisando os depoimentos dos entrevistados do departamento de serviço social da empresa, como os depoimentos dos assistentes sociais de reabilitação profissional. Em ambos os casos, o atendimento individual, tecnicamente denominado como "serviço social de casos", cumpre as determinações institucionais, atendendo às diretrizes internas mais do que aos princípios profissionais. Diz Biestek (1960: 3) que "tem-se definido o serviço social de casos como uma arte na qual o conhecimento da ciência das relações humanas e a habilidade no relacionamento são usados para mobilizar capacidades no indivíduo e adequados recursos na comunidade para um melhor ajustamento entre o cliente e todo ou parte do seu ambiente total". Não é pelo atendimento individualizado que se humanizam decisões nas empresas ou se adapta o acidentado à falta de verbas para a prótese? As críticas dos profissionais entrevistados estiveram sempre presentes durante os depoimentos. Mas, nas entrelinhas, percebe-se que os assistentes sociais exprimem até certa complacência em relação às instituições onde trabalham. Todos concordam que o desempenho institucional não oferece condições ideais para o exercício profissional e para a obtenção dos objetivos da profissão. Todos tentam, porém, conciliar essas deficiências com a possibilidade de ter um espaço para exercer o desafio da luta por melhores condições de trabalho. O assistente social tem muito claro que os conteúdos das propostas teóricas do serviço social não são aplicáveis à prestação de serviços que é exigida nas instituições. Na verdade, a angústia profissional decorre da incompreensão das articulações sociais mais amplas e da sensação permanente da inespecificidade da profissão.

A angústia que todos os assistentes sociais experimentam e conhecem é a angústia da escolha e a condição para a sua ação. É a angústia "que se explica por uma responsabilidade direta frente aos outros homens que ela envolve. Não é ela uma cortina que separe da ação, mas faz parte da própria ação" (Sartre, 1978: 225). Essa angústia causa verdadeira catarse coletiva, em congressos ou eventos da categoria, quando a união faz a força e a coletividade opta por atividades mais políticas do que profissionais, salientando o compromisso com os miseráveis e os oprimidos.

O espírito corporativo dos assistentes sociais revela-se não só na ética própria, como, também, no modo particular de conceber a hierarquia. Na ordenação hierárquica interna das instituições, os assistentes sociais — por incrível que pareça — preferem subordinar-se a leigos, não a seus colegas. Embora não aceitem explicitamente essa afirmação, alegando que o leigo em serviço social não pode liderar o trabalho de assistentes sociais, nota-se que o conflito interno é muito maior quando o chefe é assistente social e, o que é pior, quando sai do grupo de trabalho para chefiá-lo em seguida. Subordinar-se a um ex-colega e devotar-lhe lealdade é muito mais difícil do que receber ordens de um leigo, tentar persuadi-lo de sua competência e encontrar um modo de vida, que satisfaça a ambos num dado sistema de cooperação, mesmo que as normas e os valores absorvidos durante a formação profissional sejam diferentes dos promulgados pela empresa. O saber circunscrito a uma pessoa ou a um grupo de profissionais agrada mais aos assistentes sociais, provavelmente porque favorece a autoridade também circunscrita à sua habilidade profissional. Embora não tenha, em muitas instituições, nenhuma autoridade fora da sua esfera, na medida em que representa uma competência específica, o assistente social exerce um tipo de poder sobre seus clientes.

Se sua clientela são os funcionários da empresa, portanto, desde que o público a que serve seja o mesmo que serve a organização, pode alcançar um *status* continuamente reconhecido e uma posição de poder de influência sobre a força de trabalho. É claro que, nesses termos, é importante que o departamento de serviço social mantenha uma posição de lealdade para com a sua clientela, buscando, do melhor modo, atender às suas necessidades, sem afrontar diretamente o objetivo primordial da organização. Parece óbvio que, assim analisado, o assistente social funcione como elemento que contribui para a eficiência administrativa na grande empresa. Ele realmente acaba desempenhando atividades de suporte aos interesses políticos e econômicos do capital e se, como tal, pode perder a sua especificidade, não perde os seus segredos profissionais, que instituíram um saber particular, defendido pelo código de ética profissional[4] e alicerçado nos princípios da profissão.

O conhecimento específico dos assistentes sociais não é predominantemente técnico, nem científico. O saber profissional do assistente social comporta os fortes princípios de sua ética profissional, os segredos que, durante o exercício de suas atividades, vai acumulando, e a habilidade de manejar relacionamentos.

---

4. O Código de Ética Profissional do Assistente Social contém um parágrafo referente ao direito de proteção à confidencialidade do cliente com relação ao exercício profissional (Conselho Federal dos Assistentes Sociais, CFAS, s.d.).

Sob a égide de princípios abstratos universalistas, o assistente social realiza a sua prática, concentrada num corpo de determinações fixas e permanentes, sem sofrer abalos causados pelas mudanças nas teorias. Pode-se supor que os princípios de relacionamento são o que predominantemente fica da formação profissional. Essas normas bem cumpridas garantem um prestígio dentre as profissões que estão em contato direto com o público. Aplicados habilmente, esses princípios justificam sempre o conhecimento da vida alheia, a discussão sobre os pontos fracos do cliente e as indicações para as possíveis soluções. A especificidade do relacionamento assistente social/cliente, que se caracteriza pela ajuda ao cliente em suas necessidades, abre um espaço afetivo que na verdade não se realiza. Dono de informações da empresa, da instituição governamental e também da individualidade do seu cliente, o assistente social acaba ditando ao sujeito como resolver suas necessidades dentro das possibilidades e dos objetivos institucionais. Tal qual o burocrata que, por trás de uma máscara de impessoalidade, seleciona as respostas segundo a disponibilidade da organização. É assim que o julgamento racional é realizado e os fins institucionais, atingidos. Mas na medida em que o cliente não aceita a sugestão dada, ele perde o vínculo com a instituição, não por se ter negado a corresponder às orientações dadas, mas porque tais sugestões são sustentadas pelos recursos disponíveis: não havendo outras opções, o caso se torna inelegível para a organização, ou melhor, o cliente não se enquadra no que é possível ser feito. Serve-se assim à instituição e não ao seu público, não se realizando o que promulgam os princípios profissionais e suas explicações teórico-filosóficas.[5] Enfim, o ajustamento pretendido limita-se ao ambiente da organização onde se dá o relacionamento profissional-cliente.

---

5. Uma leitura obrigatória nos cursos de Serviço Social é Félix Biestek (1960: 11): "O relacionamento em serviço social de casos é a interação dinâmica de atitudes e emoções entre o assistente e o cliente, com o objetivo de auxiliar o último a atingir um ajustamento com seu ambiente".

As normas e os valores profissionais do serviço social são independentes e, até mesmo, antagônicos às normas e aos valores das organizações empregadoras dos assistentes sociais. Quanto a algumas afirmações sobre a intencionalidade da ação profissional, sua finalidade transformadora e os produtos efetivos e reais decorrentes dessa ação, os profissionais, no efetivo exercício de sua prática, sentem-se logrados, procurando em referências externas seu estímulo intelectual e profissional. É claramente visível a constante busca (em cursos de aperfeiçoamento ou de pós-graduação) de explicações teóricas, que melhor esclareçam o flagrante antagonismo entre os valores profissionais e os burocráticos. Todavia, mesmo grande, a demanda não é geral. Há uma tendência de os profissionais burocráticos resolverem os conflitos criados pela fusão das duas formas institucionais: uns, conservando identificação com o próprio grupo profissional, fora e dentro da organização; e outros, menos comprometidos com seus colegas de profissão, procurando identificar-se com a organização para a qual trabalham, com seus programas e seus objetivos, preocupados em permanecerem aceitos pelos seus superiores leigos, merecendo-lhes a confiança. Essas diferentes orientações não são somente observáveis nos dois grupos profissionais entrevistados, em que se pôde verificar uma "orientação burocrática" no pessoal do serviço social da grande empresa e uma "orientação profissional" nos assistentes sociais da reabilitação profissional.[6]

Essas duas tendências se fazem sentir na conduta com a clientela. No primeiro grupo de assistentes sociais entrevistados, isto é, profissionais do serviço social da empresa, não houve nenhum depoimento crítico aos métodos administrativos. A documentação de vinte anos de atuação registrou uma procura constante de atribuições que correspondessem ao panorama político-administrativo empresarial e

6. Há estudos realizados nos Estados Unidos, na década de 50, que mostram como o tipo de organização influi na identificação dos assistentes sociais com os objetivos da profissão e da instituição. Ver Blau & Scott (1979: 76-103).

que conciliassem a "realização pessoal dos empregados com uma produtividade maior da empresa", conforme os objetivos expressos do departamento. O serviço social, no caso, considera-se o intermediador entre os interesses empresariais e os dos funcionários, e como tal foi respeitado durante a sua existência. O manual do empregado explicita muito bem essa função: "O Serviço Social é o órgão que serve de elemento de ligação entre você e a empresa, isso é, interpretando para você as normas, regulamentos e decisões da empresa, e junto à administração expondo suas necessidades e propondo soluções para problemas comuns". Parece que os assistentes sociais dessa empresa tinham muito claro que, em última análise, é o mercado econômico o grande determinante das atribuições na cooperação empresarial. Nessas condições, foi possível despersonalizar os poderes internos e as orientações constantemente em mudança, mantendo uma neutralidade sempre justificada. O princípio profissional de "não-envolvimento", que também é um pressuposto do comportamento burocrático, facilita, naturalmente, a habilidade na individualização do atendimento e denota um forte sentimento de lealdade para com a organização.

Ao contrário, os assistentes sociais de reabilitação profissional apresentaram críticas sérias à organização em que trabalham. Por um lado, contestaram o próprio processo possível de reabilitação, sua organização, seu reconhecimento no sistema previdenciário, assim como o seu poder decisório diante do objetivo de recondução do acidentado ao mercado de trabalho. Por outro lado, teceram críticas aos profissionais das diferentes etapas do processo, aos privilégios adquiridos por cada grupo e ao desinteresse de alguns técnicos. Em última instância, embora certamente usufruam das vantagens com que o funcionalismo público é beneficiado pelos seus estatutos, não deixaram de citar que o horário não é cumprido, que há permanentes queixas sobre a falta de responsabilidade para com o cliente e que não há um controle efetivo da organização sobre a eficácia do atendimento. Enfim, os clientes dessa instituição seguramente percebem os conflitos que os assistentes sociais experimentam na sua prática profissional. Mesmo a sugestão não instituída de desvincular o segurado do mercado de empregos, garantindo-lhe a sobrevivência como aposentado e com possibilidade de biscates, revela uma incompatibilidade com a orientação organizacional, ao aproveitar uma brecha no controle burocrático. Na verdade, nada mais é do que ultrapassar uma norma interna de serviço, obedecendo mais ao compromisso profissional do que ao administrativo.[7]

O assistente social sabe que, na empresa, não há segurança de emprego para a sua categoria profissional. Esse estudo apresenta dados que revelam, chocantemente, essa realidade. Outrossim, o serviço público oferece estabilidade e até efetividade em razão da legislação. Parece haver, portanto, uma relação direta entre a instabilidade e a orientação burocrática, e a estabilidade e a orientação profissional. A liberdade de contestar, criticar e ultrapassar limites dados é maior e mais efetiva no espaço organizacional público. O cliente sabe disso. Ele não avalia os serviços sociais em termos das políticas oficiais ou outros critérios, mas de acordo com o tratamento recebido em contato com os profissionais do serviço. Um processo de atendimento tão prolongado como o de reabilitação profissional, e tão repleto de contatos entre o mesmo assistente social e o mesmo cliente, só pode facilitar sugestões viáveis mas não instituídas. Sem dúvida, para o cliente, tem maior prestígio profissional o assistente social que desafia a ordem administrativa e lhe proporciona uma solução socialmente mais conveniente.

---

7. Para Blau & Scott (1979: 90), "O que é um bom desempenho, em termos de um critério profissional, pode ser um mau desempenho em termos de *standards* administrativos, e, quando existe esse conflito, a identificação profissional pode muito bem levar a um fracasso em conseguir viver segundo os *standards* administrativos". Os autores consideram "fracasso", quando a rebeldia do profissional contra os ditames administrativos, no interesse dos serviços ao cliente, é considerada uma infração na organização.

Mas há mais um aspecto na relação assistente social-cliente que precisa ser examinado. É o poder da clientela sobre o profissional. Se, por um lado, na empresa, o público do serviço social, portanto, os empregados, pode prestigiar os feitos profissionais, por outro lado, é esse mesmo público que, insatisfeito, pode esvaziar o departamento de serviço social ou mesmo voltar-se contra ele. Na empresa o departamento de serviço social depende, também, do sucesso junto ao público que serve; muito mais do que na instituição pública. É preciso que os assistentes sociais se obriguem a uma constante avaliação do que fazem e tenham permanente atenção às políticas internas. Cabe-lhes persuadir a clientela da necessidade do intercâmbio com a alta direção, o que caracteriza sua posição intermediária. No serviço público, a clientela muda; porque não é parte da organização, busca na instituição uma ajuda específica, num momento especial. O cliente fica, geralmente, muito tempo no processo de ajustamento, mas, no final, não há mais motivo para se submeter novamente aos setores que o atenderam. No caso de reabilitação, só haveria motivos de retorno se voltasse a se acidentar. Mas aí já conheceria as "manhas da instituição", segundo palavras de um profissional entrevistado: teria todos os elementos para exigir uma atenção maior e aproveitar melhor as brechas dos conflitos internos. Supondo, porém, que seja cliente uma vez só, assim como a maioria dos acidentados, que poder coletivo poderia emanar desse público? Relegado à condição de mão-de-obra sucateada, sentindo-se marginalizado do processo produtivo, que interesse poderia ter em exercer uma pressão coletiva sobre a organização ou a instituição? Nesse sentido, é possível entender-se que não é, necessariamente, pela exigência do público que se fazem modificações no processo de atendimento do segurado mutilado. Se a preocupação em assistir melhor não é partilhada por todos os técnicos do processo de reabilitação, muito pouco se fará para avaliar e reorganizar o processo instituído. Afinal, é a equipe que faz o trabalho e decide se está sendo bem-feito.

Nas entrevistas realizadas para esse estudo, houve referências a clientes agressivos. Essa agressividade foi relacionada às dificuldades de vida do indivíduo, não ao tipo de tratamento que recebia dos assistentes sociais. Nas duas organizações esse tipo de comportamento foi considerado como de insubordinação ao atendimento oferecido e falta de conhecimento das regras do jogo. Por isso, era preciso esclarecer como o serviço era prestado, quais os limites e controles. Quanto mais conhecedor dos seus direitos e das limitações instituídas, mais dócil e mais disciplinado torna-se o público. Não são as queixas dos clientes — como num serviço pago — que determinam modificações essenciais no processo de atendimento. Pensa-se em como reorganizar as rotinas somente quando os técnicos entendem que não há resultados eficientes, que há mais conflitos do que consenso, ou quando a resistência dos profissionais é muito grande ante as atribuições delegadas. Os prontuários, quando verificados por instâncias superiores externas ao processo de reabilitação, causam impasses internos. Pelo visto, os profissionais do serviço social não aceitam a investigação do que fazem, através do que escrevem. Por um lado, existe internamente uma solidariedade na manutenção dos segredos profissionais: já que é um trabalho de equipe multiprofissional, só aos colegas da equipe é dado conhecer o que cada um realiza. Por outro lado, é na intensa circulação dos prontuários e na necessidade de preencher todos os quadros informativos, que cada um encontra a oportunidade de dar testemunho de sua competência perante os outros. É aí que a burocracia funciona como entendimento mútuo de seus membros, partilhando não o que se alcançou, mas o que se fez, e nem sempre de modo claro e simples, mas em forma de siglas, códigos ou termos específicos. O sistema de registro de dados, os relatórios e os prontuários são, nos dois serviços estudados, o modo de avaliar a integração burocrática do serviço social. Na empresa, os registros mostram a evolução histórica das atribuições; na reabilitação profissional, os prontuários representam a obscuridade em que se esconde a verdadeira eficácia técnica e o que se alcança pelas ações desenvolvidas. A freqüência das observações sobre o comportamento dos clientes — colaborador ou desinteressado — demonstra a visão do profissional sobre o cliente diante da dominação institucional.

No primeiro caso, documenta-se a prestação de contas à empresa, as diferentes formas de atender aos objetivos da direção e o número de pessoas que foram atendidas, os afastamentos pelo INPS, o tempo desse afastamento e os casos em que o afastamento é mais freqüente. Registram-se as entrevistas de desligamento, os casos de aposentadoria, as orientações relativas aos recursos da previdência e aos recursos internos à instituição, enfim, mostra-se para o departamento de recursos humanos como a divisão de serviço social corresponde à sua função de administrar os problemas dos empregados, de providenciar que não faltem à linha produtiva e não sejam objeto de decisões maiores mal interpretadas.

As assistentes sociais da reabilitação profissional documentam passo a passo o que cada profissional realizou para cada cliente, que técnicas aplicou para a efetivação de processos de reabilitação, segundo quais critérios os encaminhou para outros técnicos. Presta-se conta, aí, à direção e à coordenação, de como se cumprem as normas técnicas e as rotinas administrativas, substituindo os resultados relativos aos objetivos institucionais pelas últimas providências realizadas: estágio de adaptação à nova função, confirmação da permanência do cliente na empresa e, eventualmente, a carta da colega do serviço social da empresa que recebe o segurado, comunicando que o reabilitado está adaptando-se bem. Mas onde ficou a comprovação da eficácia institucional no tocante à verdadeira reabilitação profissional? Diluiu-se na própria forma de avaliação: na ausência de resultados concretos, fez-se o controle das atividades burocráticas e da obediência às normas.

Para a empresa, a eficácia do departamento de serviço social está em atendê-la na sua grande finalidade e mantê-la informada de como isso está sendo feito. No estabelecimento estatal, é o cumprimento eficiente das normas e das rotinas que se comprova, sem necessidade alguma de serem vinculadas a uma questão maior: a eficácia institucional na reintegração do reabilitado no processo produtivo.[8]

Nesse jogo, em que burocracia e eficácia se confundem, o elemento mais importante — aquele que legitima a inespecificidade do trabalho do assistente social e ao mesmo tempo garante suas diferentes utilidades — é o cliente.

Desde a sua origem, o serviço social se preocupa com a relação profissional-cliente, sempre sob o aspecto de como agir em relação ao indivíduo, com normas éticas e profissionais que prescrevem as formas da relação e os princípios que devem regê-la. Na medida em que o serviço social deixa explícito, durante a sua trajetória como profissão, que o cliente é o "necessitado", o "carente" o "assistido", tal condição incorpora uma subalternidade na sua relação com o profissional, o que determina a autoridade do assistente social. Só é cliente do serviço social o indivíduo desprovido das condições mínimas de vida na sociedade. A massa que participa das trocas e do consumo não é cliente do serviço social. Só é cliente aquele que não consegue suprir suas necessidades na esfera privada e precisa expô-las ao assistente social em alguma instituição. Poderíamos dizer, sem demérito algum, que o serviço social fica na mira das carências e quanto mais a sociedade as gera, mais o assistente social poderá ser útil. O mecanismo das carências se dá em todas as instâncias da sociedade, mas não em todas as classes sociais. Pelo menos não das carências cujas respostas são dadas por instituições de serviço social. Já fica pois estabelecido que o cliente do serviço social não é o indivíduo que encontra soluções para as suas necessidades no consultório do psiquia-

8. Já Weber, no seu texto clássico sobre burocracia, denuncia os interesses que permeiam a prestação de serviços sociais: "Entre outros fatores, as múltiplas tarefas da chamada 'política de bem-estar social' operam, principalmente, no sentido da burocratização, pois essas tarefas são, em parte, atribuídas ao Estado pelos grupos de interesse, e, em parte o Estado as usurpa, devido à sua política de poder ou a motivos ideológicos. É claro que tais tarefas são, em grande parte, determinadas economicamente" (1979: 248).

tra ou junto ao gerente do banco de sua preferência. Cliente do serviço social é sempre o pobre, cujos relacionamentos só se dão com outros pobres e que, por causa de sua precariedade global, só pode permanecer definitivamente pobre.

O que tem isso de novo? Para os assistentes sociais, nada. Eles ouvem, desde o primeiro dia de aula, que, quando a sociedade alcançar a justiça igual para todos, as possibilidades de vida não estiverem condicionadas a privilégios e, portanto, a distribuição de renda for muito menos desigual, as necessidades serão outras e os modos de atendê-las terão de ser reorganizados. Mas enquanto a dinâmica das relações sociais for essa que aí está, o cliente do serviço social será sempre o carente.

De carente a cliente há só um passo a ser dado: procurar e encontrar a instituição de serviço social para ser atendido. Mas é exatamente nesse passo que se opera um mecanismo que agora se torna o enfoque da análise.

A condição para a entrada na instituição ou no departamento, isto é, para ser aceito pelo serviço social, é que o cliente seja portador de uma necessidade observável e comprovável.

O serviço social define a sua utilidade muito especificamente através de seus objetivos expressos nas duas organizações estudadas:

> "O Serviço Social procura ajudá-lo na busca de soluções para aqueles problemas que, embora não tenham origem na empresa, tais como, problemas de saúde, situação econômica, questões familiares e outros, afetam o seu bem-estar, refletindo negativamente sobre o seu trabalho".

E,

> "O Serviço Social busca condições que favoreçam o desenvolvimento sócio-profissional do cliente, cujo potencial laborativo está sendo estimulado pela equipe técnica".

Na empresa, a especificidade é a carência social, que impede o trabalhador de exercer as suas obrigações contratuais e a produtividade-padrão exigida. Trata-se, pois, do trabalhador incompleto, daquele que não tem condições de, por si só, superar as questões particulares dos problemas de trabalho na fábrica. Importa, preliminarmente, caracterizar a carência que se define aqui como a precariedade reconhecida pelo chefe, pelos colegas e pelo próprio trabalhador, algo de dimensões visíveis, que prejudica o processo coletivo de trabalho. "Geralmente, os casos são encaminhados pelos supervisores ou chefes imediatos", dizia a assistente social chefe da divisão.

No centro de reabilitação, todo acidentado no trabalho passa obrigatoriamente pelo assistente social. É rotina, como já foi visto anteriormente. À primeira vista, não haveria definição de carência, senão o próprio acidente ou a doença profissional. As normas técnicas, porém, já definem a precariedade maior, que estabelece a condição de cliente do serviço social:

> "A natureza da problemática geralmente apresentada pelo cliente do CRP vai, do mesmo modo, exigir-lhe, na abordagem e no tratamento, a seleção de técnicas específicas da metodologia do Serviço Social. Essa problemática pode ser resumida em termos de:
>
> — desconhecimento de potencialidades inerentes a sua personalidade;
> — desconhecimento do processo reabilitatório;
> — desmotivação para o programa de reabilitação profissional;
> — desqualificação profissional;
> — desconhecimento dos direitos e deveres previdenciários;
> — baixo nível de escolaridade" (MPAS/INPS, s.d.).

A instituição entende que o seu cliente, em geral, é carente de escolaridade, desorientado, ignorante, desqualificado profissionalmente e naturalmente desmotivado para a reabilitação.

Se não tivesse todas essas carências, talvez procurasse adquirir sua recuperação física e profissional através da compra de serviços privados. Só a presença do assistente social na equipe de reabilitação profissional já define a precariedade social da clientela, e é ele quem detalha as carências na primeira entrevista que completa o quadro físico do cliente:

— "cliente com nível de compreensão razoável";
— "analfabeto, procedente da roça, não pensa em voltar por falta de condições de sobrevivência";
— "cliente não sabe o que faz aqui";
— "músico, sabe que sua carreira praticamente está encerrada";
— "só assina o nome, não tem curso profissionalizante".

Mas não é só o fato de ser obrigatória a entrevista com o assistente social que estabelece o vínculo cliente-assistente social: é preciso que o segurado reconheça a sua condição de necessidade e aceite as intervenções que o profissional deve realizar. Essa adesão é condição *sine qua non* para o assistente social cumprir a sua parte no programa e é tão relevante que vem citada não só nas normas como em todos os prontuários:

> "Fatores de ordem legal, padrões culturais e características da clientela que aflui aos CRPs orientam a atuação do serviço social em todas as fases do processo de reabilitação profissional" (MPAS/INPS, s.d.).

Ou:

> "É no estudo dos problemas, individualizando as situações, que o assistente social atua sobre as caracte-

rísticas pessoais positivas do cliente e sobre os aspectos relevantes do seu relacionamento familiar e do trabalho, utilizando-os como instrumento de mudanças das atitudes de insegurança, ansiedade, acomodação e outras" (MPAS/INPS, s.d.).

Instituir a clientela para a reabilitação profissional é, de fato, o dever do assistente social nos centros de reabilitação da previdência social. É assim que se estabelece o vínculo institucional com o processo, ou seja, o segurado torna-se o cliente e a equipe multiprofissional toma conta dele. Mas nem sempre as coisas se dão tranqüilamente:

— "resistente ao retorno ao trabalho";
— "segurado indefinido quanto à elaboração de planos profissionais";
— "se o cliente estiver muito queixoso encerrar o caso";
— "manifestou interesse em fazer o curso de rádio e TV, mas desistiu quando foi orientado que não poderíamos aguardar o prazo para iniciar o trabalho";
— "não estava com vontade de ser entrevistado";
— "o setor de vagas informa que há dificuldade de colocação do segurado, pois o mesmo insiste em não mudar de função";
— "dentro de nossas possibilidades todos os recursos foram esgotados, não conseguindo obter colocação na função de pintor de autos. Resistiu à mudança dificultando as tentativas. Caso encerrado nesta data".[9]

Essa rejeição explícita do segurado pelo tipo de intervenção prescrita na instituição explica e justifica o insucesso do processo para as instâncias superiores. No caso da reabilitação profissional tal processo é compulsório, ou melhor, a garantia do direito de usufruir da aposentadoria, no caso do acidentado grave do trabalho ou da doença profissional crô-

9. São anotações de assistentes sociais nos prontuários da instituição.

nica. O que transparece é que o assistente social é o intermediário entre as técnicas da reabilitação propriamente dita, "que estimulam o potencial do reabilitado", o cliente, na sua condição de carente social, e o sistema da previdência social.

Se é um agente intermediador e sua competência é diagnosticar o reconhecimento da carência, portanto, verificar a prontidão do reabilitando para o processo, os vários momentos de encontro com a clientela configuram o seu poder de legitimar ou negar o direito à reabilitação, mesmo que o médico ou os demais técnicos afirmem ter encontrado perspectivas de recuperação física em algumas habilidades.

O cliente é sempre o sujeito da ineficácia institucional e quem aponta para esse aspecto é o assistente social: "O assistente social é membro integrante da equipe que avalia, inicialmente, o cliente, qualificando-o ou não para o programa" (INPS, 1977).

A avaliação e qualificação para o acesso ao programa leva em conta uma "tipologia da clientela", estabelecida nos documentos orientadores do desempenho dos assistentes sociais nos centros de reabilitação. Essa "tipologia" abrange os traços considerados "constantes na identificação da problemática da clientela". Consiste numa lista de dez carências, desde as de cunho psicológico (como "autocompaixão", "frustração", etc.), as relativas à ocupação (como "ausência ou perda de hábitos de trabalho"), as referentes à compreensão do cliente quanto às rotinas do sistema previdenciário ou do processo de reabilitação, até a desqualificação como cidadão consumidor na sociedade ("baixo poder sócio-econômico e financeiro").

Na lista, entretanto, não se encontra a discriminação que a prática institucional deixa transparecer e que todos os técnicos entrevistados assumiram de viva voz: 78% dos casos provenientes do interior são registrados e desligados no período de sete dias! Isso ocorre porque a instituição não tem meios de transporte para os segurados comparecerem às sessões do programa e os técnicos não conhecem as possibilidades de outros mercados de trabalho para reabsorver os reabilitados. Embora a passagem desses pacientes constem das estatísticas da instituição, seu atendimento se reduz a formalismos burocráticos. Não obstante nesses casos a viabilidade para realizar o programa de reabilitação dependa apenas da distância entre o domicílio do segurado e a instituição, não foi possível encontrar um projeto com a intenção de superar essa deficiência![10]

A atuação dos assistentes sociais nos centros de reabilitação do INPS existentes no Brasil mereceu, em 1978, um documento que contém minuciosas orientações para o desempenho profissional.[11] Encontram-se definidos no documento as diversas formas de atendimento e de manipulação de recursos e mecanismos "que ensejem a equalização de oportunidades" para a clientela. Confere-se ao assistente social um amplo campo de atividades: com o cliente, com a família, com a equipe, com os recursos assistenciais externos à instituição e com a administração do Centro. Nota-se, nessas prescrições, a delegação que a instituição faz ao assistente social, como administrador ou coordenador do processo. Encontra-se aí um aspecto contraditório: se o processo de reabilitação é compulsório para os benefícios previdenciários, como se confere ao assistente social a autoridade de desligar o reabilitando?

É preciso analisar o conteúdo dos registros da prática dos assistentes sociais para compreender melhor a questão. Na verdade, a reabilitação profissional e o retorno ao mercado de trabalho não dependem apenas da equipe ou da instituição. A resistência emocional à violência de que foi vítima, as dificuldades anteriores à obtenção do emprego que o vitimou, as condições de vida, a distância da residência,

---

10. Esse assunto é citado pela equipe de pesquisa coordenada por Cohn *et alii* (1985a/b) nas análises sobre os acidentes de trabalho e sobre a instituição de reabilitação profissional.

11. Trata-se do suplemento "Diretrizes da atuação do assistente social nos CRPs" (INPS, 1978).

o tipo de lesão física adquirida, enfim, todo o quadro de carências que caracteriza o cliente só pode dificultar o processo de retorno ao mercado de trabalho. Como a completa solução para os casos independe da instituição, é preciso encontrar meios de simplificar os alvos das intervenções técnicas. Cabe ao assistente social, pelas normas e pela competência, atingir a esfera "de problemas psicossociais que possam ter interferência no processo de reabilitação profissional e na consecução de seus objetivos" (MPAS/INPS, s.d.). Ora, existem tradicionalmente três etapas para o trabalho do assistente social: o estudo, o diagnóstico e o tratamento — todos realizados pela palavra e pelo relacionamento. O conteúdo das orientações técnicas dos manuais internos deixa claro que o relacionamento estabelecido pelo assistente social com o cliente é a base para as condições que permitem a obtenção dos objetivos institucionais. Em outras palavras, cabe ao assistente social "criar o clima" para que a reabilitação profissional do segurado se realize. Se, por um lado, essa responsabilidade confere um poder muito grande, por outro, não pode ser assumida de fato, na medida em que não depende só da instituição e da vontade de seus técnicos a reabilitação do indivíduo e o seu reingresso no mercado de trabalho. Atendendo então às normas, o assistente social dá ênfase à qualificação ou desqualificação do segurado para o programa.

Confrontando-se o quadro de referência operacional (INPS, 1977) que deve orientar o assistente social na confecção do estudo, do diagnóstico e do competente registro nos prontuários, nota-se uma distância flagrante.

Veja-se esse item do quadro referencial da instituição:

> "*Aspectos emocionais:* sentimento fatalista, supervalorização de limitação (física e/ou mental), necessidade reivindicatória, capacidade de compreensão, percepção da realidade, afetividade, ansiedade, expectativas, resistência, agressividade, hostilidade, apatia, sentimento de culpa, acomodação, dependência, negativismo, insegurança, motivação, aspirações".

Agora, como se reduz o item nos prontuários:

> "Cliente de 43 anos, apresentando bom nível de compreensão, com experiência profissional em função semiqualificada; mostra-se inseguro quanto às perspectivas de volta ao trabalho. Acredita que não poderá retornar à sua função anterior e mesmo na possibilidade de ser demitido da empresa onde está vinculado".

Ou:

> "Segurado com bom nível de compreensão e assimilação. Bastante inconformado com sua situação. Apresenta muitas queixas físicas e que, além da coluna, também suas pernas doem. Não sabe o que faz aqui, pois não pode trabalhar e diz necessitar de tratamento adequado. Resistente ao retorno ao trabalho".

E:

> "Cliente com 46 anos, procedente da Bahia, casado e separado, mora em pensão, semi-alfabetizado, baixo nível de compreensão, verbalização e assimilação. É repetitivo nas colocações que faz sobre sua situação atual. Quer voltar logo ao trabalho devido a sua situação sócio-econômica".

Na análise desses três conteúdos do item "impressão diagnóstica",[12] verifica-se que há dois pontos do quadro re-

---

12. As diretrizes da atuação do assistente social (INPS, 1978: 32) referem, para o preenchimento da ficha do assistente social, no item "Impressão diagnóstica":

"I. A opinião conclusiva do assistente social sobre atitudes e reações do cliente, abordando aspectos relativos à sua deficiência e ao comportamento da família em relação ao problema.

II. A problemática social não relacionada com o programa de Reabilitação Profissional, mas que, neste, possa ter interferência.

III. A avaliação da fase ou etapa em que o cliente se encontra, anotando-se, especificamente, as atitudes de acomodação à situação, temores, expectativas, resistência à mudança, aceitação, assimilação, auto-

ferencial que aparecem em todos os prontuários pesquisados: a capacidade de compreensão do cliente e sua motivação para o retorno ao trabalho. Todos os demais itens orientadores não aparecem no registro da entrevista inicial, momento do estudo e do diagnóstico.

Os aspectos sócio-profissionais, pelo quadro, prescrevem informações sobre:

> "como o cliente comparece ao CRP (acompanhado ou não e por que), vestuário e aparência, grau de conhecimento do processo de reabilitação profissional, emprego e condições de trabalho, aptidões latentes, hábitos de trabalho, auto-afirmação no trabalho, histórico da evolução profissional (estabilidade, competição, eficiência, experiências), avaliação objetiva da capacidade laborativa, qualificação profissional (descrição objetiva das tarefas no desenvolvimento da ocupação), período de inatividade profissional, escolaridade e nível cultural, composição familiar, habitação, situação econômica, conduta social em relação ao assistente social, à equipe e à instituição, à família, no trabalho, na instituição, e e em outros grupos, religião, tabus e crendices, lazer" (INPS, 1978: 14).

A esse conjunto imenso de dados correspondem anotações nos prontuários do seguinte teor:

> "58 anos, motorista de 1968 a 1979, lustrador de 68 a 69, servente de 63 a 64; 3.º ano primário, não possui curso profissionalizante. É casado, tem 4 filhos casados e 2 netos. Os filhos (2) trabalham e as duas filhas (prendas domésticas) não trabalham, porém, ajudam no orçamento familiar. Segurado refere bom relacionamento familiar. Casa alugada com 5 cômodos, WC interno. A

---

direção, auto-análise, comunicação, relacionamento, motivação e percepção lógica.

IV. O nível de aspirações".

situação financeira desequilibrou muito após o acidente. Renda e despesas com aluguel, água e luz".

Ou ainda:

"21 anos, sexo feminino, acidentou-se no primeiro mês no emprego. Anteriormente era auxiliar de tecelã. Solteira, reside com a mãe e mais 7 irmãos. Seu pai faleceu dois meses antes. É a irmã caçula. Só 3 trabalham e ajudam no orçamento familiar. Tem mais 6 sobrinhos que residem em casa. (São filhos de mãe solteira.) Refere não se dar bem com suas irmãs (em número de 5). Reside em casa alugada, com 2 cômodos, WC externo com esgoto. Despesas divididas: valor do aluguel e contribuição de cada irmão. Utiliza-se de 2 conduções para vir ao CRP".

Vê-se que os dados registrados são apenas informações sucintas sobre poucos aspectos da vida dos clientes. O estudo e o diagnóstico são, portanto, necessariamente reduzidos e condicionados apenas a curtas anotações sobre a precariedade das condições de vida. Significativo, ainda, é o que se encontra registrado no item "plano de tratamento social", que, segundo as diretrizes, é o objetivo do diagnóstico acima exemplificado:

— "Entrevistas periódicas; visita à empresa, orientação previdenciária. Encaminhamento ao psicólogo e terapeuta ocupacional."
— "Será feito trabalho de esclarecimento e motivação para retorno ao trabalho. Após, manteremos contato com a empresa para verificar a receptividade."
— "Entrevista. Interpretação dos objetivos e filosofia do CRP. Orientação previdenciária. Visita à firma."
— "Acompanhamento visando retorno ao trabalho."
— "Acompanhamento."
— "Apoio. Orientação. Esclarecimento. Visita à firma. Encaminhamento à psicóloga."

Talvez por entenderem que a problemática do cliente seja de dimensões inatingíveis pela instituição, e por verificarem que as condições de vida, no geral, já determinaram o caminho do reabilitando para a situação de marginal na sociedade de consumo, os assistentes sociais, através da documentação que fazem da sua prática profissional, demonstram duas tendências: uma, de simplificar e burocratizar a problemática da clientela, reduzindo o estudo a uma ficha de guichê e o tratamento a um acompanhamento interno, através de consultas aos demais profissionais da equipe, ou a providências do tipo auxílio-condução, pensão, próteses ou órteses. Outra, subordinar o caso às regras da casa, ficando a continudiade do tratamento condicionada ao cliente, ao cumprimento do horário, à assiduidade, aos contatos programados, à demonstração de seu interesse, motivação, compreensão das rotinas e, principalmente, à sua vontade de trabalhar de novo após o processo, medidas que, em última análise, isentam o profissional da responsabilidade delegada pelas normas.

O que ocorre é que a simplificação que o assistente social faz de suas atribuições o transforma em agente verdadeiramente burocrático. Com efeito, como também cabe a ele "executar tarefas de ordem administrativa, indispensáveis ao controle e avaliação do seu trabalho e apresentar sugestões para a melhoria do serviço", as práticas profissionais se tornam práticas de organização. E os seus parceiros de papel, clientes e outros profissionais, acabam subordinados às suas decisões.

Essa fica sendo a grande função do assistente social: coordenar as exigências institucionais e processuais com as carências apresentadas, e, "para o cliente, mais uma vez fica claro que a orientação não é um benefício, mas exigência a que se deve curvar para obter as prestações materiais que está, justamente, buscando" (Albuquerque & Ribeiro, 1979: 69).

Nesses termos, na equipe de reabilitação profissional, é o assistente social que sozinho personaliza os limites institucionais, a elegibilidade dos casos, o controle institucional sobre a vida do indivíduo, enfim, a relação social que se estabelece entre a instituição e sua clientela. "No plano das ações concretas, as instituições não são 'sujeitos', embora invistam muito para serem notadas nessa condição. São os 'atores sociais' específicos que operam no dia-a-dia essa ação institucional. Ela, por si, não fala nem atua, requisita um suporte que seja o seu porta-voz e executivo. São as práticas e atitudes humanas que materializam os imperativos da instituição" (Sousa, 1984: 15).

Na empresa estudada, é de modo muito semelhante que o departamento de serviço social (segundo consta da documentação e do manual do empregado) organiza as relações sociais dos trabalhadores, determinando-lhes o que é possível, aceitável, lícito e importante:

> "Na solução desses problemas o serviço social proporciona orientação, encaminhamentos e providências diversas junto aos recursos oferecidos pela empresa, fundação, previdência social e aos recursos da comunidade, no campo da assistência médica, dentária, jurídica, habitacional, recreativa e social".

No regulamento interno do trabalho, que faz parte do manual do empregado, constam os direitos comuns a todos os empregados e, dentre eles, o direito de "utilizar-se do Serviço Social da Empresa para orientação e esclarecimentos de problemas decorrentes ou não do trabalho". Os demais direitos estipulados referem-se, predominantemente, aos serviços que a organização presta aos empregados para assisti-los na sua situação funcional: serviço médico ou justificativa de falta no caso de doença, refeitórios, lanchonetes, transporte, estacionamento, posto bancário, serviço de pessoal e conferência de salários. Outros direitos enumerados são relativos aos benefícios, como os que concede a fundação, a cooperativa e o convênio para assistência médica. O departamento de serviço social acaba sendo o único espaço em que o empregado pode dialogar sobre questões que ultrapassam o seu cotidiano funcional.

Mas o âmbito das orientações se prende às possibilidades da empresa e aos limites das políticas internas. Reitera-se a idéia de que procurar a orientação do assistente social é usufruir de um direito que lhe abre outros direitos como empregado. Ou seja, o empregado é cliente: não sabe, não conhece, não utiliza o que pode. O assistente social informa, orienta, explica, ajuda, encaminha e toma providências. É ele que faz a ligação entre a condição de pré-cidadão empregado para a condição de cidadão empregado.

O serviço social propicia ao seu cliente a passagem do estado de "coisa" para a condição de pessoa. As formas são de uma relação de posse. Na medida em que o indivíduo procura o assistente social, a sua condição de cliente é assumida: temporariamente ele pertencerá ao profissional, que se incumbirá de resolver as questões que não consegue resolver sozinho. Durante esse período, ele precisa aprender comportamentos aceitáveis para se valer dos serviços que lhe estão disponíveis e merecer as benesses virtualmente viáveis. A submissão aos assistentes sociais se patenteia no exame das relações estabelecidas, muito embora o discurso persuasivo para essa submissão seja o do técnico, propiciando a libertação do homem de seus problemas, e do especialista, emancipando-o das deficiências e dificuldades que o amarram ao peso de sua impotência e de suas dificuldades. A subordinação do cliente implica um sentimento de aceitação da sua inferioridade e incompetência social. A adesão às regras dadas contém a substituição desse reconhecimento pela sensação de estar sendo cuidado, não mais, portanto, um ser abandonado na sociedade ou na empresa. E, por mais que o assistente social se negue a encará-lo, estará administrando a vida do cliente, estabelecendo para ele rotinas e novas relações, novas atribuições e novos deveres.

Como profissional, o assistente social garante a sua utilidade, coordenando a carência com as finalidades das instituições que serve. Nessa intermediação, exerce sua autoridade sobre o cliente, apropriando-se dele, como na velha Roma o patrão desempenhava a tutela do plebeu. A utilidade do serviço social prestado, que deveria corresponder às necessidades comprovadas e específicas do cliente para obviamente resolvê-las, desvia-se para ser útil à instituição, à ordem e ao controle das desigualdades sociais.

Se, de um lado, se oculta mais e melhor a miséria humana nos grandes centros urbanos, certamente cresce o número das instituições de serviço e ampliam-se as funções dos assistentes sociais na expansão dos serviços de controle.

Na medida em que a eficácia social, portanto, o resultado esperado pela sociedade, é usurpado pela "alienação burocrática" dos indivíduos que trabalham nos serviços (Crozier, 1981: 3), as organizações aparentemente mais racionais favorecem oportunidades de desequilíbrio nas relações internas de poder. Quanto mais isso acontece, menos eficazes são os serviços sociais; o produto do trabalho institucional, que deveria ser orientado para a sociedade, volta-se para a própria instituição. No embate entre burocracia e eficácia, os círculos viciosos se reconstituem constantemente, e os profissionais não conseguem ver o que exatamente alcançaram.

Capítulo V

Vidas e instituições sendo administradas

Quando se trata de analisar uma atividade profissional de prestação de serviços que se originou no século XX, como conseqüência do desenvolvimento multiforme do capitalismo — necessariamente trespassado pela reificação das relações sociais[1] —, é preciso tematizar, também, a função ideológica dos serviços na sociedade de classe e as formas de representação que os próprios agentes desenvolvem a respeito de sua função.

Particularizando a reflexão sobre as atividades dos assistentes sociais na sociedade urbano-industrial no Brasil (que dentre os estágios da evolução capitalista terceiro-mundista corresponde, mais aproximadamente, a algumas formas das sociedades burguesas avançadas) faz-se necessário apontar para a idealização e as justificativas dessas atividades na organização capitalista da vida social.

---

1. A problemática da alienação e do fetichismo, no cerne da qual se encrava a questão da reificação, é objeto de reflexão de inúmeros autores nas últimas décadas. José Paulo Netto (1981: 16) parte do pressuposto que "a manutenção funcional do capitalismo tardio tem o seu elemento axial na reificação das relações sociais (...) que engendra a resistência histórica deste sistema, cuja falência global a crítica teórica vem anunciando há muito".

O fato incontestável de que os assistentes sociais se localizam nos departamentos de serviço ou nas instituições de serviço, e ali realizam prestação de serviço, remete, também, a uma aproximação teórica das formas reificantes que objetivam essa atividade no mundo moderno.

A profissão do assistente social surge e se realiza, progressivamente, na consolidação do mundo burguês. Nas formações organizacionais, o assistente social executa atividades de suporte às funções que garantem a obtenção da finalidade institucional, e faz a sua parte na administração das carências que a sociedade desenvolve. Simultaneamente, participa da administração interna do trabalho dividido e organizado, produzindo e efetuando intermediações através de relacionamentos. Sua importância fica na constante dependência do prestígio do resultado final do processo do qual é participante. O envolvimento com a burocracia instituída absorve o assistente social de tal modo, que ele acaba perdendo de vista os objetivos profissionais que lhe são incutidos pelas interpretações de seu desempenho na sociedade.

Nas condições estudadas aqui, isso é verificado até nos mínimos detalhes. No entanto, é conveniente formular uma primeira aproximação conclusiva, utilizando certos elementos conceituais que melhor elucidem a abordagem teórica necessária para o posterior exame de alguns exemplares da literatura profissional.

O serviço social tem sua origem no ideário burguês do século XX, quando o capital deixou de pertencer à esfera privada e passou a ser objeto de interesses comuns, constituindo-se em preocupação pública. Como novo modo de produção e desencadeador de mudanças sociais de envergadura, o capital deixava de ter o significado de propriedade para uso e consumo privado, e tornava-se a mola propulsora do ciclo econômico nacional e internacional.

Nessas condições, "logo que passou à esfera pública, a sociedade assumiu o disfarce de uma organização de proprietários que, ao invés de se arrogarem acesso à esfera pública em virtude de sua riqueza, exigiram dela proteção para o acúmulo de mais riqueza" (Arendt, 1983: 78).

O funcionamento do mercado de trocas, então regulamentado pela autoridade do Estado, torna-se objeto de debate entre a sociedade, pelos seus representantes, e os governos, por meio das políticas. "Através de leis e de medidas administrativas, o Estado intervém profundamente na esfera do intercâmbio de mercadorias e do trabalho social, pois os interesses concorrentes das forças sociais se transformam em dinâmica política e, intermediadas pelo intervencionismo estatal, retroagem sobre a própria esfera" (Habermas, 1984: 176).

Na sociedade industrial, proprietários e não-proprietários multiplicam relações e relacionamentos, que exigem funções de ordenação a serem exercidas por instituições estatais e não-estatais que se sintetizam em um complexo de funções não mais diferenciáveis.

Sociedade e Estado interpenetram-se, modificando substancialmente os limites do privado e do público. O trabalho e as mercadorias, e, mais tarde, as profissões e as organizações, tornam-se cada vez mais públicas. Somente a intimidade ainda se debate para sobreviver ao processo de diluição da esfera privada.

Enquanto o grande mercado e suas condições funcionais passam a ser objeto da esfera pública, a sociedade desenvolve desigualdades cada vez mais flagrantes: é preciso proteger e compensar os grupos mais fracos e prevenir ou conduzir modificações estruturais convenientes ao processo. São essas as tarefas das políticas sociais enunciadas pelos governos, no espaço que o sistema abriu, e que constitui a "esfera social".

Mesmo que as políticas sociais sejam expressas principalmente no plano do discurso, as instituições que têm por finalidade emiti-las e os profissionais que nelas trabalham constituem o real que quase sempre legitima o discurso.

Nessas instituições realiza-se o confronto do trabalho cotidiano dos técnicos com os imaginários sociais, ambas manifestações articuladas da alienação: "vivências e representações alienadas que experimentam e forjam os agentes sociais particulares das formações econômico-sociais do capitalismo tardio" (Paulo Netto, 1981: 81).

Os processos alienados e alienantes desdobram-se, atingindo todos os planos da vida social. Enquanto transformações na sociedade se realizam, transformações ideológicas, decorrentes da contínua demanda por justificações, determinam um panorama em que os contornos do verdadeiro e falso se diluem.

Para a opinião pública é transmitida a idéia de um âmbito onde se resolvem os problemas do social, e onde se encontram soluções para as desigualdades da população. À opinião pública não interessa flagrar a miséria humana, e os meios de comunicação repetem que existem instituições e profissionais do social para os quais são delegadas as tarefas de dar conta dos problemas que perturbam a ordem na sociedade.

A "esfera social", uma esfera de contornos híbridos, que muda suas funções rapidamente ao chamado de qualquer sintoma que possa desequilibrar o sistema, absorve, necessariamente, profissionais emergentes para toda e qualquer tarefa. O desempenho hábil nos relacionamentos faz do assistente social o profissional complementar na tomada de decisões, o suporte articulador indispensável para entendimentos, negociações, tratados, convênios, combinações e ajustamentos.

Assim, ele é "assistente", complemento e suporte para os homens que decidem e, como tal, é chamado a desempenhar suas funções na "esfera social".

As organizações reproduzem em seus cânones a função do "assistente" na forma de "serviço". O mesmo significado está contido nas duas denominações: o que o profissional faz isoladamente, quando realizado por um grupo organizado, torna-se o departamento de apoio e a base de um processo administrativo. Descobre-se, assim, ao exame das formações e dos seus movimentos, o conteúdo das idéias que os designam.

Suas atribuições, entretanto, não podem mais ser qualificadas como funções tipicamente públicas ou tipicamente privadas. A esfera à qual pertence o assistente social é "quase-pública" frente à esfera privada, reduzida à família. Tarefas que originalmente eram executadas por instituições públicas foram assumidas por organizações cuja atividade não é pública... pelo menos, no sentido de pertencerem ao poder público. "A grande empresa assume, em relação a seus funcionários e trabalhadores, certas garantias de *status*, seja através da divisão de competências, seja através de manutenção de garantias e serviços sociais, seja através de esforços — por mais que também sejam isoladamente questionáveis — no sentido de uma integração dos empregados no local de trabalho..." (Habermas, 1984: 182).

Em contrapartida, as instituições de serviços sociais, principalmente as que atendem às necessidades básicas — que outrora a família tinha que prover (até para seus escravos) e aceitava como risco privado —, invadem a esfera familiar, levando auxílios de toda espécie, prestando serviços de moradia, de emprego, de aconselhamento ou de saúde. No caso, "medidas sócio-políticas preventivas são diretamente idênticas à intervenção em novas esferas, até então privadas" (Habermas, 1984: 185). A tendência das instituições sociais absorverem a esfera privada nas classes subalternas urbanas obscurece as reais condições de vida na sociedade. Pouca gente conhece albergues, centros de reabilitação, hospitais de convalescentes ou casas de reclusão de delinqüentes.

Marginalmente, a opinião pública vai sendo influenciada de modo a confundir assistência à pobreza com redução da miséria, e não se dá conta de que não são nem instituições, nem governos, que vão mudar o ritmo das desigualdades sociais. Perpetua-se, assim, a idéia difusa da "proteção social", ora interpretada como amparo aos pobres, ora exigida como proteção dos ricos.

Se, por um lado, a sociedade vai coisificando as relações sociais através da opinião de que a miséria é fruto da incompetência de indivíduos, e cabe a instituições dar conta dessa fatalidade, por outro, nas instituições desenvolve-se a mitologia da responsabilidade pela mudança desse estado de coisas.

Visto como "coisa", a clientela dos serviços sociais aparenta a ausência total da negatividade do contraditório: tanto a opinião pública percebe a pobreza como um mal necessário, como o profissional vê a instituição como a única tábua de salvação. "Tudo é liso e raso, tudo aponta para uma só direção (ou falta de). O que se manifesta é pura positividade. Como Marx diria, o fetichismo acabado e o acabamento do fetichismo" (Paulo Netto, 1981: 85).

É fundamental assinalar que o próprio assistente social também contribui para formação do senso comum. Não há, portanto, possibilidade alguma de fugir dos seus dilemas profissionais; no caso, separar o vivido do pensado.

Nesse jogo confuso de concepções, o assistente social se vê frente ao dilema: "a quem servimos?"

A angústia do assistente social, mesmo explicada pela prolixidade da esfera social, que o inclui como agente por excelência, é angústia existencial. Sartre (1978: 218-23), ao explicar a subjetividade humana, entende que, "ao escolher-se a si próprio, o homem escolhe todos os homens".[2]

Conhecendo a formação profissional dos assistentes sociais e as prescrições éticas da categoria, persistentes em todas concepções de conduta profissional, é possível inferir que, ao decidir, o assistente social sente a responsabilidade pela escolha de um projeto de homem e de sociedade. As decisões que precisa tomar relacionam-se, sempre, a outros,

---

2. Agnes Heller desenvolve na sua teoria da cotidianidade o conteúdo ético como uma "necessidade da comunidade social". Na medida em que a vida cotidiana está carregada de escolhas, essas podem ser indiferentes do ponto de vista moral, mas, também, estar moralmente motivadas. "Os conflitos extremos e puramente morais se produzem nos casos em que a motivação moral torna-se determinante e seu impulso, sua finalidade e seu objeto são entendidos como instrumento de elevação do humano-genérico" (1972: 25).

e "tudo se passa como se toda a humanidade tivesse os olhos postos no que ele faz e se regulasse pelo que ele faz" (Sartre, 1978: 223). Pelo visto, é essa angústia que desencadeia diferentes opções durante o exercício profissional: alguns orientam-se burocraticamente, legitimando o desempenho pela lógica organizacional; outros orientam-se profissionalmente, justificando o sentido público contido nas decisões que toma.

As atividades dos assistentes sociais na sociedade cujo valor supremo é o dinheiro não têm relevância para a riqueza e o poder. Portanto, a profissão não tem prestígio: sua remuneração é baixa, seu *status* na sociedade não existe. A imagem do assistente social que as mídias passam é uma mistura entre "a moça que o governo paga para ter dó dos pobres" (Sposati *et alii,* 1985: 71) e a criatura ingênua, que procura encontrar o bem, numa sociedade desinteressada em prezar esse valor. Não é fácil desempenhar papéis ambíguos no lado oculto da sociedade e, ao mesmo tempo, ver-se apresentado à opinião pública como pessoa ingênua, sem malícia, alheia aos interesses do mundo. Principalmente entendendo que sua atividade profissional implica, também, decisões morais.

O trabalho cotidiano é, sem dúvida, alienante. Não é preciso aqui rever o marco de referência de Marx sobre a espoliação dos trabalhadores e o estranhamento alheado que as formas sociais assumem no capitalismo. Mas é possível, resguardando as formulações originais sobre o fetichismo e a alienação, avançar para uma aproximação teorizante sobre o mundo dos serviços no capitalismo monopolista. Tendo à mão dados retirados da vivência de assistentes sociais em instituições da esfera social, procura-se conjugar algumas categorias que possam elucidar melhor o panorama no qual se movimentam os assistentes sociais como profissionais do social.

Os serviços na sociedade são envolvidos pela universalização total da forma mercadoria e, mesmo que tenham suas origens na relação homem a homem, hoje perderam totalmente sua característica de encontro entre dois seres humanos.[3]

Na sociedade burguesa de hoje, "a esmagadora maioria de homens, proletários e não-proletários, tem a impressão de que a sua existência é direcionada por uma instância alheia, incógnita, impessoal — uma instância factual, que se manifesta pelo conta-gotas do institucionalizado. . ." (Paulo Netto, 1981: 84). Seguramente, a massa dos serviços, especificamente dos serviços de controle, exerce esse direcionamento. Contudo, não é só o direcionamento exercido pelos serviços que se evidencia, mas algo muito mais abrangente: conduzindo a vida de outros homens, todo homem envolvido nessa atividade vivencia a própria alteridade, o sentimento de que está alheio à própria função! A alienação, portanto, se realiza duplamente: agentes profissionais são alienados e alienantes. A estrutura global da reificação toma conta, portanto, do cotidiano do trabalho, terreno das objetivações, abrangendo o ato e o resultado na produção dos serviços.[4]

---

3. Por um lado, no Capítulo VI Inédito de Marx, encontramos a afirmação de que "os trabalhos que só se desfrutam como serviços não se transformam em produtos separáveis dos trabalhadores — e, portanto, existentes independentemente deles como mercadorias autônomas — e, embora possam ser explorados de maneira diretamente capitalista, constituem grandezas insignificantes se os compararmos com a massa da produção capitalista. Por isso, deve-se pôr de lado esses trabalhos e tratá-los somente a propósito do trabalho assalariado que não é simultaneamente trabalho produtivo" (1975: 99). Hoje, no entanto, a universalização da forma mercadoria que se instaurou nas formações econômico-sociais do capitalismo desenvolvido e dominante é objeto de teorias e investigações profundas e exaustivas, que englobam os serviços no mecanismo fetichista atomizante.

4. Lukács diz: "Se nos dermos conta que na práxis, sobretudo no próprio trabalho, há uma incessante objetivação, que toda a forma de expressão humana, incluindo a linguagem, objetiva os pensamentos e os sentimentos humanos, etc., torna-se evidente que lidamos aqui com uma forma humana geral do comércio dos homens entre si. Enquanto tal, a objetivação não é, evidentemente, nem boa, nem má: o que é certo é tanto objetivação como o que é errado, tanto o é a libertação como a servidão. A relação objetivamente social de alienação e todas as marcas

A individualidade, determinante do singular de cada homem, conduz a outras reflexões. Qualquer que seja a posição do indivíduo na divisão do trabalho, não há como escapar dos atributos que o peculiarizam como ser social. "O indivíduo contém tanto a particularidade, quanto o humano-genérico, que funciona consciente e inconscientemente no homem. Mas o indivíduo é um ser singular que se encontra em relação com sua própria individualidade particular e com sua própria genericidade humana; e, nele, tornam-se conscientes ambos os elementos. É comum a toda individualidade a escolha relativamente livre (autônoma) dos elementos genéricos e particulares; mas nessa formulação deve-se sublinhar igualmente o termo *relativamente.* Temos ainda de acrescentar que o grau de individualidade pode variar. O homem singular não é pura e simplesmente indivíduo, no sentido aludido; nas condições da manipulação social e da alienação, ele vai se fragmentando cada vez mais 'em seus papéis' (Heller, 1972: 22).[5]

Os assistentes sociais que se dispuseram a depor sobre o seu cotidiano de trabalho, fizeram-no individualmente. Pelo que expressaram, orientavam-se, predominantemente, pelos seus papéis, através do cumprimento adequado dos mesmos.

Enquanto indivíduo e ser social, o assistente social desenvolve sua capacidade perceptiva no conjunto de substancialidades que constituem a teia das relações sociais em que

---

subjetivas da alienação interior que são sua conseqüência necessária só surgem quando as formas objetivadas assumem na sociedade funções que põem a essência do homem em oposição ao seu ser, que oprimem, deformam, desfiguram, etc., a essência do homem pelo ser social", (Posfácio de 1967 de *História e consciência de classe*, 1974: 364). Obs.: na edição portuguesa encontra-se "objectificação" e não "objetivação".

5. O cotidiano, enquanto objeto autônomo de teorizações, encontra, através de Agnes Heller, a possibilidade de não ser tratado apenas como o conjunto de atividades reiterativas e alienadas dos homens na sociedade. Nas suas formulações, o indivíduo é o sujeito da história, enquanto ser social, para quem o cotidiano é a possibilidade de ser genérico.

se movimenta. Mesmo percebendo um conjunto coisificado e inerte, o seu desempenho profissional na teia dessas relações requer um mínimo de organização que oportunize uma atividade diferenciada. É exatamente nesses termos que o assistente social, situado nos serviços e exercendo funções subordinadas, realiza a sua particularidade profissional: assume, ao mesmo tempo, a administração de vidas dos que a ele se submetem, dada a função que preenche na estrutura institucional; mas assume, igualmente, o suporte à administração institucional, através da cultura que desenvolve, como agente subordinado hierarquicamente, mas privilegiado na função social.

Os sujeitos dos depoimentos para esse estudo revelaram seus deveres e compromissos profissionais e institucionais da vida cotidiana: apresentaram momentos do "homem inteiro".[6] De fato, o conteúdo das falas e mesmo os comportamentos durante as visitas e contatos deixaram entrever um forte componente ético, reiterado em cada resposta e explicação particular.[7] Notava-se, freqüentemente, o desafio da escolha moral, o persistente referencial do "dever-ser", cuja causa se patenteia no caráter público das ações profissionais. Público, exatamente, no sentido de dizer respeito a outros. Não é a escolha para si, mas para a "comunidade dos homens", e, conseqüentemente, uma escolha moral.[8]

---

6. Retomando Lukács, Heller entende o "homem inteiro" como o homem que participa na vida cotidiana com todos os aspectos de sua individualidade e de sua personalidade (Heller, 1972: 17). A passagem para o "homem inteiramente" se dá pela "suspensão" (ou o pleno emprego da inteira individualidade humana) que penetra na esfera do humano-genérico (1972: 27).

7. Para Heller, "a ética é a possibilidade que tem a particularidade de submeter a si o humano-genérico e de colocar as necessidades e interesses da integração social em questão...". A ética corresponde, portanto, a "uma necessidade da comunidade social" (1972: 23).

8. Se Sartre explicava a "subjetividade humana" através da escolha de um projeto para a humanidade, Heller entende "o dever de representar a humanidade, de dar exemplo", como "a escolha moral" (Heller, 1972: 90).

O sentimento de "comunidade" merece, na análise do trabalho cotidiano dos assistentes sociais, uma reflexão ampla. A formação profissional e a literatura específica do serviço social persistentemente colocam para os assistentes sociais a intencionalidade da ação profissional. Existe uma tradição que permeia constantemente o "dever-ser" profissional: o componente valorativo do sentido da ação e das decisões. Isso aparece nos escritos antigos e recentes e já foi parcialmente abordado em reflexões anteriores. Na sua trajetória, inegavelmente a profissão construiu sua própria hierarquia valorativa no interior de seus limites. Desde o momento em que se discutia vocação ou profissão, o ideário do trabalho profissional propunha a atuação por uma sociedade mais justa e por homens mais humanos. Comunidade significou, também, para a profissão, um conjunto de pessoas e famílias que, não desenvolvendo laços naturais, mas apenas alguma vinculação territorial, étnica, religiosa ou cultural, deveriam ser alvo do trabalho profissional. Outrossim, a idéia de comunidade, atrelada às diferentes fases da história do serviço social, carrega consigo a falácia de distintos conteúdos ideológicos imbricados a propostas políticas discutíveis, já tratadas pela literatura profissional.[9]

Qualquer perspectiva de análise encontra no uso do termo "comunidade" concepções de promoção humana, de dignidade do homem ou de igualdade dos seres humanos.

Não há, em princípio, nenhuma similitude nas concepções de comunidade dos assistentes sociais e da teoria desenvolvida pela pensadora húngara. Aparentemente, não há. Contudo, ultrapassando o nível imediato de entendimento, vislumbra-se o complexo de valores contido nos conceitos, ou

---

9. A referência aqui é a Ammann (1980). O prefácio, assinado por Florestan Fernandes, diz: "O desenvolvimento de Comunidade e o Serviço Social foram moldados por conveniências e pelo poder dos pequenos grupos, nacionais ou externos. Os especialistas não puderam impor a autonomia das técnicas sociais com que operavam e, tampouco, puderam colocá-las a serviço dos interesses locais ou regionais da Nação".

seja, sua substância ética. A palavra transmite sempre a possibilidade da hominalidade.[10]

No entanto, o trabalho cotidiano dos assistentes sociais nos serviços não permite, nas decisões rotineiras, a motivação moral. A constante tendência para a verdadeira "escolha moral" é simplesmente impossível. Ainda mais no mundo dos serviços, das organizações e da burocracia. Hoje, muito mais do que nos tempos de origem (quando a escolha do *social work* era uma opção de vida e não de um trabalho assalariado), nem todos assistentes sociais partilham da crença de que se comprometem com um mundo melhor. Provavelmente, não o percebem quando fazem suas opções políticas, em função da sua comunidade profissional, ou por uma nova sociedade. No entanto, nessas opções há, indiscutivelmente, um impulso em direção ao humano-genérico.

Uma alternativa que os assistentes sociais encontram, se decidirem permanecer exercendo a profissão, é desenvolver o espírito corporativo, os sentimentos do interesse comum e da defesa comum. Difícil, ainda, encontrar consenso em relação a esses aspectos, mesmo porque a categoria se divide pela compreensão de finalidades antagônicas de suas atividades.[11] Nota-se, entretanto, um esforço dos assistentes sociais em superar essa divisão, pelo menos na universidade, onde a responsabilidade frente à formação profissional dos alunos é coletiva.

---

10. Está em questão a "essência humana". Heller utiliza a interpretação de G. Márkus a respeito de uma idéia de Marx: "a essência humana consta de atividade de trabalho (objetivação), socialidade, universalidade, autoconsciência, liberdade. Essas qualidades essenciais já são dadas na própria hominização, enquanto meras possibilidades; tornam-se realidade no processo indefinido da evolução humana" (Heller, 1972: 78).

11. Professores do Programa de Estudos Pós-Graduados em Serviço Social, PUC-SP, publicaram um ensaio sobre o conteúdo assistencial das políticas sociais brasileiras (Sposati *et alii*, 1985). Referem que a dicotomia existente nos objetivos profissionais recrudesceu a partir do Movimento de Reconceituação do Serviço Social.

A própria estrutura interna da comunidade profissional e a organização de suas normas oferecem aos indivíduos profissionais o encontro com sua "comunidade de interesses", à qual devem pertencer. Realizam aí a "exigência da nova sociedade na qual o homem volta a ser um ente comunitário" (Heller, 1972: 77).

A organização da categoria profissional e sua aglutinação em torno de interesses comuns prevêm a sua representação política. Após a fragmentação da categoria em grandes facções e estas em subgrupos, ocorreu uma desarticulação dos interesses corporativos, que desembocou numa auto-avaliação da impotência e, também, da desorganização da categoria profissional. Sem dúvida, a concepção de profissional de serviço social embutida durante a formação profissional sustenta-se, permanentemente, no seu sistema ético. Mesmo sem um aprofundamento teórico necessário para uma pesquisa sobre esse tema, é lícito afirmar que leituras diferentes da sociedade convergem para a mesma finalidade do trabalho dos assistentes sociais: a justiça social, a dignidade do trabalhador, as oportunidades para os economicamente fracos e o bem comum (hoje, traduzido, no mínimo, por uma sociedade melhor!).

Enfrentando a crescente burocratização das instituições e da sociedade e a sua posição subordinada, a categoria dos assistentes sociais sabe que terá que se subtrair mais do controle burocrático das organizações em função de seus interesses comuns, porém, reelaborados. O antagonismo insuperável de interesses só iria limitar as possibilidades de conquistar um espaço público como grupo profissional crítico e de identidade própria. Do contrário, o assistente social permanecerá identificado com as instituições onde exerce atividades e suas representações confundirão burocracia com eficácia, e objetivos profissionais com objetivos institucionais; sua imagem, para a opinião pública, permanecerá a da moça que o governo paga para ter dó dos pobres.

A formação profissional do assistente social orienta-se no sentido de valorizar sobremaneira o conteúdo ideológico da sua ação. Até pouco tempo o trabalho do assistente social ainda era considerado neutro, como as demais técnicas e ciências. Contudo, nas duas últimas décadas, surgiu a tendência contrária: à análise ideológica da suposta neutralidade do serviço social relacionou-se a escolha política. Até assim manifestou-se o conteúdo ético da profissão!

Contudo, a intenção de transformar a indiferença em opção política escamoteia a divisão do trabalho e deixa em suspenso questões cruciais: para onde vão os assistentes sociais enquanto categoria profissional no mundo dos serviços? Quais as implicações que decorrem da sua posição nas formações organizacionais? Que funções podem exercer os assistentes sociais no setor terciário das sociedades avançadas? Como podem os assistentes sociais construir sua "comunidade de interesses"? É possível ao assistente social fazer escolhas morais no trabalho cotidiano nos serviços?

Essas interrogações remetem, necessariamente, a análises do trabalho profissional e a uma revisão dos estatutos das proposições da profissão. Não é procurando escapar da alienação e do trabalho institucional objetivado que se superam os impasses e os dilemas cotidianos. Nem negando, simplesmente, que se administra vidas e instituições através da posição de assistente localizada em serviços.

Provavelmente é necessário investigar mais e melhor os papéis, as funções, as relações internas e externas de poder, os privilégios institucionais, as objetivações e o tipo de escolha que o profissional enfrenta.

Só então será viável fazer um apanhado particularizado do trabalho dos assistentes sociais dentro da totalidade histórico-social, que enverede por caminhos constituintes de uma "teoria" para o serviço social.

SEGUNDA PARTE

As fases e as idéias da literatura profissional

O tipo de análise realizada até aqui relacionou o trabalho cotidiano dos assistentes sociais com as características dos serviços na sociedade urbano-industrial. Procurou-se avaliar, em detalhes, como se dá o desdobramento da ação profissional em dois serviços sociais, permeados por mecanismos alienantes sob todas as formas: funções ambivalentes; poder institucional; segredos profissionais; burocratização e desburocratização; representações de objetos, objetivos e técnicas; mudanças organizacionais e relacionamentos. Essa mistura de concepções consubstancia o conjunto de dilemas profissionais que os assistentes sociais não conseguiram, até agora, resolver.

Os possíveis esclarecimentos e as tentativas de compreensão desses dilemas revelam, constantemente, certa capacidade de resistência dos autores, e os textos desembocam sempre, ou quase sempre, em prescrições ou em formulações mágicas de "dever-ser". Basta enfrentar a penosa leitura de alguns textos da literatura profissional para topar freqüentemente com jargões teóricos, conceitos indevidos e regras impossíveis de serem aplicadas no trabalho profissional organizado e objetivado.

Nas últimas duas décadas, nas cidades brasileiras, o número de assistentes sociais cresceu em ritmo de progressão geométrica. Os estabelecimentos de ensino multiplicaram-se[1] e a profissão tornou-se conhecida no país, pelo menos no que tange à freqüência com que são encontrados assistentes sociais no universo organizacional urbano. Embora não exista, de modo geral, clareza a respeito das suas atividades próprias, o mercado de trabalho tem se revelado bastante aberto à colocação desse profissional: por considerá-lo um assistente especializado no tratamento dos "problemas sociais" dos empregados ou da clientela (o social é sempre visto como um dado que dificulta algum fim organizacional), ou por entendê-lo como elemento tradicional de um determinado time de trabalho. Nos setores da assistência médica ou jurídica, habitacional ou familiar, o assistente social já se tornou um agente necessário ou convencional. O expediente que lhe cabe é visto genericamente: não se diz o que deve fazer, mas deixa-se claro o que deve resolver. Apresenta-se o objetivo (institucional ou organizacional), mas não se ditam os meios, resguardando a simbologia do reconhecimento da competência técnica. Muitas vezes é preciso que o assistente social realize um trabalho verdadeiramente criador para obter o resultado desejado; outras vezes o caminho para o êxito pode ser o bom desempenho burocrático.

Os profissionais procuram, incansavelmente, entender sua profissão, tanto para exercer seu trabalho como para explicá-lo. Estabelece-se um equívoco que se mostra, principalmente, na literatura de serviço social: confunde-se, constantemente, o conhecimento profissional com o conhecimento científico. Em outras palavras, não se distingue o saber para agir, que corresponde à competência profissional, do saber para elucidar, que equivale ao saber científico. Os textos da intelectualidade do serviço social demonstram nitida-

---

1. Utiliza-se aqui o Quadro V que consta do estudo de Pinto (1986: 87) e demonstra o número de estabelecimentos de nível superior de cursos de baixo custo operacional no Brasil, em 1976. Pelo quadro são 23 estabelecimentos de dependência administrativa pública e 34 de administração privada, o que perfaz o total de 57 estabelecimentos no país. Fonte: MEC-DAU (1976).

mente esse equívoco. É viável afirmar que essa tendência recrudesceu, no Brasil, com o Movimento de Reconceituação Latino-Americano.

Para a tarefa de procurar mostrar em que termos se dá o pensamento profissional dos assistentes sociais através de algumas formulações publicadas mais recentemente, é necessário apontar alguns modos do processo de estruturação das concepções de serviço social.

É claro que entender o serviço social como serviço, tal e qual foi conduzido na análise exposta nos capítudos precedentes, é optar por uma vertente que propicia raciocínios específicos, pautados, predominantemente, na relação sociedade-organização-indivíduo, se é que é possível estabelecér-se essa imbricação. Outrossim, está presente nessa tentativa a diferença basilar entre o ponto de partida utilizado no presente estudo e os planos a partir dos quais a maior parte dos textos de serviço social foram elaborados: aqui partiu-se do exame de dados e fatos que encaminharam para a análise da dinâmica dos serviços e das organizações. Esse plano de análise ainda não encontra referenciais no acervo da literatura de serviço social. Daí a ausência do interlocutor dentre os autores assistentes sociais examinados e as dificuldades em manter, constantemente, o mesmo patamar no debate.

Por essa razão é necessário tratar os textos através de uma análise que elucide, muito mais, o conjunto de significações que revelam, do que propriamente travar com os mesmos um embate no nível das concepções que contêm.

Optou-se, assim, por uma tentativa de periodização da produção teórica lida no Brasil nas duas últimas décadas. Os critérios utilizados organizaram as partes que compõem as reflexões possíveis na incursão na literatura profissional dos assistentes sociais, evitando, tanto quanto possível, digressões que ponham em questão o mérito das publicações examinadas.

Capítulo VI

As perspectivas nos textos de duas décadas

1. A periodização da produção escrita

O panorama fornecido pela literatura específica de serviço social brasileiro, nos últimos vinte anos, mostra claramente a preocupação dos autores com o significado da profissão no mundo subdesenvolvido do capitalismo. Nota-se um inconformismo quanto ao caráter de subalternidade da prática dos assistentes sociais, e uma inquietação, permanente, no sentido de avaliar as propostas de ação profissional na sociedade de classes.

Durante décadas o assistente social brasileiro leu textos importados e traduzidos, predominantemente europeus e americanos. Nos anos 70, entretanto, a literatura profissional passou a ser produzida no continente latino-americano. A partir de então, no Brasil, a vivência profissional é fortemente influenciada pelas tendências contidas nos temas e nas proposições. Por causa disso, a literatura dos anos 70 é considerada, neste estudo, o ponto de partida para um balanço de textos de serviço social. A intenção é verificar, ao longo dos últimos anos, como a intelectualidade do serviço social interpreta essa atividade profissional; se vê, e como vê o serviço social como serviço no mundo organizacional.

E se explica alguns dilemas profissionais pela condição de serviço na sociedade.

Essa etapa de investigação foi organizada partindo-se da tentativa de periodizar a literatura do serviço social segundo as tendências que caracterizam a produção escrita nos últimos anos. O pressuposto, aqui, é que os textos dos anos 80 orientam-se no sentido de completar, rebater ou aprofundar as idéias dos textos reconceituadores. Daí a necessidade de caracterizar os dois momentos nos quais o serviço social é objeto de reflexões e investigações: os anos 70 e os anos 80.

A década de 70 foi, incontestavelmente, um momento de auto-avaliação para os assistentes sociais: tanto para os que escreveram, como para os que leram e estudaram os conteúdos.

Rebelando-se contra as concepções importadas de outras práticas, surgem, intensamente, as publicações argentinas,[1] até 1977. A própria história política do continente sul-americano incumbiu-se de mudar o pólo produtor da literatura vanguardista do serviço social para Lima, no Peru, nos últimos anos da década de 70.

Enquanto isso, no Brasil, surgiam os cursos de pós-graduação em serviço social. Principalmente a partir das primeiras dissertações de doutorado e mestrado de assistentes sociais, modifica-se o quadro de estudos apresentado aos profissionais. Hoje, a literatura profissional utilizada no Brasil é principalmente brasileira. Os conteúdos dos trabalhos editados nos anos 80 indicam um segundo momento de auto-avaliação profissional, conforme os temas que predominam nas publicações brasileiras: o próprio serviço social como disciplina e profissão, a crítica ao Movimento de Reconceituação, e a formação profissional. Surgem, também, as primeiras investigações historiográficas da profissão e interpretações histórico-metodológicas da mesma, no processo de reprodução

1. Os textos desse período são publicados pelo Editorial Humanitas e pelo Editorial ECRO, ambos em Buenos Aires.

das relações sociais.[2] O acervo da literatura profissional aumenta, significativamente, nos anos 80.

Essa década vem se caracterizando por uma produção centralizada na investigação teórico-metodológica de objetos do trabalho profissional e da própria atividade dos assistentes sociais.

Aliás, note-se que só recentemente os assistentes sociais brasileiros — integrados no sistema universitário desde as reformas do ensino superior levadas a efeito no início da década de 70[3] — produzem contribuição significativa para o trabalho profissional. No geral, essa contribuição é constituída de monografias individuais para titulação acadêmica e raras são as pesquisas coletivas a partir de projetos de maior envergadura.

O tipo de produção teórica atual dos assistentes sociais reflete bem o estágio inicial de desenvolvimento das explorações metodológicas da profissão. De um lado, o precário estímulo das agências financiadoras para a pesquisa — de assistentes sociais ou interdisciplinares —, de outro, a dificuldade de encontrar objeto e método próprio para desenvolver investigações. A ausência de tradição investigativa na história da profissão e a própria inespecificidade do objeto da ação profissional espelham-se na restrita literatura e nas raras investigações empíricas rigorosas sobre problemas sociais, instituições de serviço social, trabalho cotidiano de assistentes sociais e outros temas relevantes que dizem respeito às preocupações da categoria.

Os marcos que possibilitam a periodização do processo da produção escrita dos assistentes sociais são, portanto, as próprias fontes dessa produção: os grupos de autores e as

---

2. Dissertações e artigos são publicados a partir de 1976, predominantemente em São Paulo pela Cortez & Moraes, agora Cortez Editora. (As obras mais significativas para este estudo serão indicadas nos rodapés quando citadas particularmente.)

3. Para a compreensão da política educacional no Brasil e seus reflexos na formação de assistentes sociais, consultar Pinto (1986).

editoras de suas obras. É sintomático que, nos dois momentos assinalados, as publicações provêm, em cada período, basicamente de uma só casa editora. Que significado isso tem, se não o de que o círculo de leitores é reduzido e os autores pertencem a um grupo social que se vale do mesmo recurso?

Como um modo de representação, toda elaboração escrita remete a uma análise no plano das idéias: tentar uma organização preliminar das mesmas, para, posteriormente, debater conteúdos, será feito a partir do significado da Reconceituação para a atual produção dos assistentes sociais.

2. O significado da Reconceituação para os anos 80

Os anos 70 foram marcados pelo Movimento de Reconceituação Latino-Americano do Serviço Social. Marco suficientemente reconhecido pelos profissionais, tem a importância histórica de ter desencadeado novas reflexões sobre o serviço social. Hoje, já é possível ver a Reconceituação a distância e compreender o movimento nas suas proporções reais — a rebeldia implícita e as limitações do seu projeto de fazer com que o serviço social se torne um dos instrumentos para a transformação assinalada pelo processo histórico.

A crítica sistemática que se fazia — não só pelos assistentes sociais aos conceitos tradicionais de serviço social, como pelas ciências sociais às interpretações da sociedade — levou a profissão a um novo alento, em busca de teorias, antes omitidas, para explicar a realidade, tanto da profissão como da sociedade, mais especificamente, da profissão dentro da sociedade dependente e subdesenvolvida da América Latina.

Como tal, a literatura reconceituante produzida, embora em diferentes países e em situações conjunturais diversas, obriga a uma revisão contínua, que vem sendo feita através da atitude interrogadora de quem ainda não se deu por satisfeito, não obstante a evidência de se ter avançado e muito.

É por isso que, nesse estudo, a releitura de textos, já suficientemente analisados por Santos (1982), Carvalho (1983) e outros, serve ao propósito de caracterizar apenas o significado da Reconceituação como momento de auto-avaliação profissional. Nesses termos, o movimento desencadeou mudanças substanciais no quadro de estudos sobre a profissão de assistente social.

A produção latino-americana dos anos 70 modifica, também, a relação tradicional dos assistentes sociais com as organizações onde se efetiva o seu exercício profissional.

A forte influência que o pensamento reconceituante exerceu na época sobre os estudantes e profissionais do serviço social colaborou certamente para subverter os comportamentos clássicos de subordinação aos objetivos institucionais, pelo menos ao nível do discurso. Avulta a importância da influência, na medida em que o serviço social assume, a partir desse movimento, dois planos nitidamente diferentes de sua concepção: as idéias e o real.

Parte-se do pressuposto de que o Movimento de Reconceituação Latino-Americano do Serviço Social se realiza no plano das idéias, portanto, se apresenta por escrito — e propõe uma nova visão teórica e um novo posicionamento ante a realidade latino-americana (Carvalho, 1983: 17).

O forte conteúdo ideológico da produção reconceituadora aparece na proposição de um profissional idealizado. Negando a figura subalterna do assistente social tradicional, cria-se a figura do profissional ideal. Valendo-se das palavras de Heller (1972: 25),[4] a proposta equivale a um assistente social que realiza seu trabalho cotidiano buscando, permanentemente, o humano-genérico. "Mas, na cotidianidade, não é possível concentrar todas as energias em cada decisão. Um comportamento de tal tipo estaria em contradição com a estrutura básica da cotidianidade".

---

4. Citada, freqüentemente, no capítulo anterior, a teoria da cotidianidade oferece categorias de análise que podem elucidar melhor o trabalho cotidiano como objetivação, e não como "escolha moral".

Esse enfoque da literatura não é construído por um exame da sociedade através de pesquisas: ao contrário, apesar de apontar para a necessidade de um exame segundo a ótica da dialética das relações sociais, parte direto para as eventuais conseqüências desse exame, ou seja, para a proposição de um profissional engajado na luta de classes, ao lado da sua clientela permanente — a classe trabalhadora.

Nessa perspectiva, os textos do Movimento de Reconceituação são prescritivos, isto é, o discurso contido persegue o "deve ser", de forte conotação ética. Para justificar essa postura, os autores partem do pressuposto de que o serviço social existente até então decorria do colonialismo intelectual e cultural que configurava as ciências sociais e as demais disciplinas e profissões do social. A reprodução da sua subalternidade seria derivada da visão de subordinação contida nos textos estrangeiros.

Realmente, lendo-se a obra do Movimento de Reconceituação Latino-Americano, excetuada a literatura brasileira,[5] tem-se claro que revela um conjunto de significações, cuja explicação somente é possível entendendo-se o conjunto como a expressão de um grupo social. "O pensamento é apenas um aspecto parcial de uma realidade menos abstrata: o homem vivo e inteiro. E esse, por sua vez, é apenas um elemento do conjunto que é o grupo social" (Goldmann, 1979: 6).

O sujeito do Movimento de Reconceituação do Serviço Social na América-Latina é, portanto, um grupo; e, embora cada autor se mostre com uma certa individualidade no texto que assina, há na produção da obra um "nós" visível, que é a relação solidária, expressa no pensamento comum sobre

5. O que se considera o processo brasileiro de reconceituação, segundo certos autores, não questionava a sociedade e o sistema capitalista, mas considerava necessário rever a contribuição do serviço social ao desenvolvimento, entendido como "um processo de planejamento integrado de mudança nos aspectos econômicos, tecnológicos, sócio-culturais e político-administrativos". Ver, entre outros, o artigo de Paulo Netto (1975: 85-105).

o objeto: o serviço social, como atividade humana e social na sociedade de classes, especificamente em países dependentes, num momento de reorganização de um projeto de libertação nacional ou, quiçá, continental.

Parece óbvio, utilizando os recursos de Goldmann para a compreensão da expressão concreta de um grupo social, que a Reconceituação é "a tendência comum dos sentimentos, aspirações e pensamentos" dos membros de uma categoria profissional, que realizam a sua tomada de consciência de grupo em dada situação singular (Uruguai, Argentina, Chile de 1966 a 1973). Os textos revelam a precipitação de uma nova consciência profissional, comunicada, debatida e divulgada nos encontros da categoria.[6] Pela leitura, identifica-se a eloqüência do discurso persuasivo, baseado em contestações e denúncias que indicam uma nova proposta de ação profissional, denominada, para diferenciá-la do significado tradicional, "trabalho social". Daí afirmar-se que os textos reconceituados da década de 70, na América Latina, configuram uma típica "visão de mundo", forjada nas condições sócio-históricas em que se realizou e por elas fortemente influenciada.

O sistema de idéias, em que o essencial e o acessório se confundem, constitui a tendência real do movimento; demonstra o sentido procurado pelo grupo, num processo coletivo de construção que, nos primeiros anos da década de 70, acabou sendo interrompido pelos acontecimentos políticos.[7]

O caráter episódico da Reconceituação, entretanto, sem dúvida teve conseqüências em todo o continente. Por mais que possa ser visto como uma primavera do pensamento profissional, os assistentes sociais assumiram consciência relativa

---

6. Muitos textos da Reconceituação foram conferências nos Seminários Regionais Latino-Americanos de Serviço Social que se realizaram nos anos 60 e 70 (Ander-Egg, 1975: 401-29).

7. O Uruguai e a Argentina passaram a ter um governo militar de direita. O golpe de setembro de 1973, no Chile, acabou com qualquer esperança imediata de reorganização das forças populares.

de seus dilemas. Conseqüentemente, instalou-se uma procura mais lenta e mais sistemática para propiciar a compreensão maior desses dilemas.

Não é possível considerar o Movimento de Reconceituação uma análise da realidade profissional continental. Não tendo sido fruto de investigações dos modos da prática dos assistentes sociais nas instituições e nos serviços, omite a organização da sociedade e escamoteia os meandros do mundo das formações organizacionais.

Como protesto, o Movimento de Reconceituação se afirmou durante um período específico. Sua fragilidade teórica, no entanto, não permitiu indicações para a superação dos dilemas da profissão. A negação, apenas, do serviço social tradicional não conduziu, propriamente, à produção de conhecimentos. O desenvolvimento da sociedade visto como totalidade fechada, excluindo outras totalidades, e a profissão do assistente social reduzida à negação dos diversos modos de desempenho existentes e viáveis, não proporcionou o avanço que era anunciado.

A ausência de análises da prática dos assistentes sociais, que acarretou insegurança metodológica e inconsistência na aplicação das propostas, foi dando lugar a outra tendência: o exame histórico de um exercício profissional que procurasse a explicação de suas articulações com o movimento das relações sociais. A história da subordinação e da dependência dos países latino-americanos e a empolgação com as lutas de libertação nacional (primeiro, em Cuba e, posteriormente, durante a promessa chilena) levaram os assistentes sociais a reivindicar também uma posição de engajamento político, entendida como superior à função tradicional de prestação de serviços. Apelava-se, concomitantemente, para uma postura científica do serviço social, propondo a leitura da sociedade que denunciasse o sistema capitalista e as condições de exploração do capital internacional.

Conclui-se, portanto, que a Reconceituação teve a característica de constatação de um momento histórico e conceituou o desempenho profissional a partir dessa constatação. A noção de totalidade proposta pouco tinha a ver com a quebra e a separação da totalidade, para reencontrá-la em seguida (Lefebvre, s.d.: 42). Diferenças, oposições, contradições, antagonismos e movimentos são percebidos, mas os textos não contêm a aplicação dos métodos sugeridos e permanecem proposições abstratas. É o caso, por exemplo, de Clark (1973).

"Quem pensa simplesmente constatar ou descrever, começa já, mesmo sem o querer, a 'conceitualizar', isto é, a procurar o essencial sob o acidental e o aparente; mas conduz mal a sua pesquisa" (Lefebvre, s.d.: 42).

A Reconceituação significou, principalmente, a concepção de um "novo" assistente social. Um profissional que não fosse mais assistente, mas exercesse seu desempenho como técnico autônomo.

Sua situação de trabalho como sendo a formação organizacional em que exerce suas atividades profissionais, a posição que ocupa, as relações que estabelece, a autoridade que lhe é delegada, os objetivos que são esperados pelos seus superiores, as dificuldades e o prestígio que têm; enfim, a sua condição de assalariado num trabalho coletivo e objetivado, não foi devidamente abordada. A ocupação do assistente social e suas funções na divisão social do trabalho não foi objeto de análise dos autores.

Possivelmente foi por causa disso que, já antes dos anos 80, iniciava-se o balanço da Reconceituação, no Brasil e no Peru.

A revista *Acción Crítica*, que começa a circular em 1977,[8] publica um artigo que fornece os primeiros elementos para a discussão da prática institucionalizada dos assistentes

8. No Centro Latinoamericano de Trabajo Social (Celats) e na Asociación Latinoamericana de Escuelas de Trabajo Social (Alaets), em Lima (Peru), prossegue-se a reflexão reconceituadora, e fora das universidades desenvolve-se a investigação e a docência.

sociais.[9] Começa, então, a dificuldade de se encontrar uma vertente teórico-metodológica que permitisse investigar o serviço social no mundo organizacional.

O tratamento ainda dispensado às instituições no fim dos anos 70 revela a dimensão do papel que a Reconceituação lhe outorgou: "veículos reprodutores do sistema e cristalizadores dos interesses das classes dominantes" (Santos, 1982: 112). Apesar do apelo da autora no sentido de superar essa rejeição, os pontos de apoio utilizados para justificar um novo posicionamento frente ao trabalho institucional são frágeis. Considera as instituições de serviço social no âmbito dos programas de desenvolvimento social, por sua vez subordinados a decisões de desenvolvimento econômico, portanto — aprioristicamente — em condições subalternas. A predominância das tarefas vinculadas à prestação de serviços é vista como um dos fatores que dificultam a produção científica dos assistentes sociais. Pretende explicar, por meio dessa argumentação, as condições que atrasam a produção científica da profissão. Como o eixo da discussão fica por conta do embate entre exercer a prática profissional junto aos setores populares ou em instituições burocráticas, o caminho encontrado para a proposta é o das "brechas institucionais". Nos vãos da ineficácia, da cobertura limitada e dos enfoques reduzidos das instituições, o assistente social deve facilitar à classe trabalhadora o exercício do controle dos processos de trabalho (Santos, 1982: 117).

Como se vê, a rejeição às instituições é substituída por uma proposta política que não levou em conta a complicada teia das formas modernas de cooperação e do trabalho socialmente combinado.

No Brasil, algumas monografias de mestrado tratam, no início da década de 80, especificamente da análise da

9. A referência é ao número 2 de *Acción Crítica,* julho de 1977, p. 15-41. O mesmo artigo foi publicado no Brasil cinco anos depois (Santos, 1982: 107-20).

produção de autores da Reconceituação e são publicadas em São Paulo; destacam as formulações frente ao objeto, à problemática ideológica, à interdependência teoria-método e à proposta de trabalho social.[10]

Em São Paulo, desde 1979, é publicada a revista *Serviço Social & Sociedade*. O editorial do primeiro número lança a iniciativa como "uma revista pluralista, aberta, crítica e geradora de debate".[11]

A década de 80 se inicia com os assistentes sociais inconformados com as limitações do seu projeto profissional reconceituado, carente de teorizações, buscando outras opções metodológicas de conhecimento sobre sua atuação profissional.

Os primeiros frutos dos cursos de pós-graduação em serviço social no Brasil, a partir de 80, são trabalhos gerados por pesquisas. Situações singulares são examinadas e estabelecem-se algumas relações entre aspectos de uma totalidade que está sendo captada aos poucos. Introduzem-se novas categorias de análise e novos meios de investigação. A literatura aumenta o seu acervo, mas muitas interrogações formuladas ainda não se constituem objeto de reflexão.

As instituições, no confronto com os movimentos populares, alternando-se como opções para o exercício profissional, preocupam alguns grupos profissionais.[12]

O poder institucional ainda não é aprofundado como tema de investigações. Em nível de discurso, o assunto é

---

10. Ver, por ordem cronológica, os estudos de assistentes sociais brasileiros sobre a Reconceituação: Lopes (1979), Silva ((1982), Magalhães (1982), Carvalho (1983), Lima (1984). O último enfoca a Reconceituação brasileira.

11. A revista vem sendo editada até hoje e tem mantido a postura promulgada no primeiro número.

12. Destacam-se Serra (1982) e Souza (1982), objeto de exame no capítulo VII deste estudo.

debatido em conferências que retomam o tema do relacionamento profissional sob o enfoque do saber profissional.[13]

Esse é o panorama decorrente dos anos 70 e que pode ser vislumbrado no início dos anos 80. É de se supor que até o fim da década venha a ser revelado como se configuram importantes dilemas da profissão. Por enquanto é possível entrever tendências de diferentes grupos de autores no que se refere a abordagens de certas temáticas fundamentais.

13. A referência é a Faleiros (1985), que publica conferências realizadas de 1977 a 1984, em que levanta aspectos sem aprofundá-los suficientemente. No capítulo VII serão feitos comentários sobre os textos publicados.

Capítulo VII

Dilemas profissionais da atualidade

1. A retórica da prática institucionalizada

Depois de 1977, o tema do trabalho do assistente social nas instituições torna-se mais freqüente, tanto nos textos latino-americanos como nos brasileiros. A conceituação apressada e juvenil do "trabalhador social" acarretou a revisão paulatina da atuação do assistente social nas instituições estatais e privadas. Debates e estudos foram promovidos, e são publicados os primeiros trabalhos sobre o assunto. Em termos quantitativos, o balanço da produção mostra que, ainda na virada da década, mais se examinava o discurso do que a ação, sendo que as investigações do trabalho concreto dos assistentes sociais vai ser realizado um pouco mais tarde.

O resultado transparece na perspectiva da análise institucional; o conceito central do debate é "a instituição" e não "o serviço". Esse conceito pretende englobar tanto a idéia de "estabelecimento" como de "instituto" e "instituído"; enfim, designa também a organização, a formação organizacional e o próprio regime instituído, ou seja, a burocracia. A análise que se apresenta na literatura profissional dos assistentes sociais não faz distinções clara "entre o objeto de pensamento e o objeto (ou totalidade ou conjunto) real".[1]

Instituição, nos textos, é em princípio "local de prática" ou "contexto institucional da prática", portanto, representação mental do "estabelecimento" ou da "entidade" — como foi anteriormente utilizado, pela profissão, para substituir o termo "obra social" ou "agência" (traduzido do americano *agency*). O termo fica bastante explícito em colocações como "a ação profissional está sempre imbricada numa instituição, não adianta ter um instrumental teórico mais próximo das explicações dessa problemática e, como parte dele, também um instrumento metodológico de ação, desconhecendo-se a realidade institucional dessa prática".[2] O tratamento dispensado ao conceito repete-se na visão de "instituição social", entendida como "organização específica de política social, que se apresenta como organismo autônomo e estruturado em torno a normas e objetivos manifestos".[3]

Instituição é correntemente interpretada como "aparelho", de flagrante influência althusseriana, como foi registrado no Fórum de Debates, no Rio de Janeiro, em 1981.[4] O termo instituição, na literatura profissional, provavelmente denomina formações sócio-organizacionais, governamentais ou particulares, onde se efetiva o exercício profissional do assistente social. Assim, a inconsistência teórica não só se revela no que "tange à natureza da instituição, à sua vinculação ao Estado ou como executora de política social"

1. Guilhon Albuquerque (1980: 21) chama atenção sobre o concreto e o abstrato, ou seja, o que é real, e o seu reconhecimento, a partir da denominação, a abstração. Esta já é uma proposta de um "plano de análise" (p. 20-26).

2. Ver em Souza (1982: 14) as propostas do seu estudo sobre serviço social e instituição.

3. Encontra-se no primeiro número de *Serviço Social & Sociedade* essa definição de instituição social, no artigo de Faleiros (1979: 139).

4. O pensamento de um grupo de profissionais e alunos de serviço social, participantes de um Fórum de Debates sobre a Prática Social — Suas Dimensões, é o tema do estudo de Serra (1982).

(Serra, 1982: 55). Mas, ainda, passa-se ao largo da concepção de "serviço", tanto de "instituição de serviço" como de "departamento de serviço", ao estudar o local das práticas profissionais dos assistentes sociais.

A leitura que se faz da sociedade capitalista como reprodutora das relações sociais e do trabalho profissional do assistente social, como reprodutor da força de trabalho, restringe-se "a representações, como expressão de um apreender parcial e mutilado da realidade, embora não totalmente falso ou ilusório".[5]

Isso possivelmente decorre da dificuldade de encontrar vertentes teóricas diversificadas e complementares entre si para desmitificar, a partir de dados empíricos, minuciosamente coletados, a fetichização produzida pela organização do trabalho nas formas modernas do capitalismo.

É importante considerar a limitação do uso do conceito "instituição" na literatura do serviço social para se compreender a concepção de "prática profissional institucionalizada". Um dos propósitos para uso desse conceito está em substituir os termos "atividade", "trabalho" ou "serviço" por "prática". O termo sugere um atrelamento aos antecedentes do trabalho do assistente social, ou seja, às protoformas do serviço social: o labor missionário e o assistencialismo, raízes históricas da profissão.[6]

Outrossim, na medida em que os textos contrapõem modos de exercício dessa prática — articulados a movimentos populares ou realizados em instituições estatais ou privadas[7] —, o termo obscurece as condições reais do trabalho

---

5. Em Iamamoto & Carvalho (1982: 11) encontra-se referência à mediação, pela mercadoria, das relações sociais, que se desenvolve "até à impossibilidade de representações refletirem a vida social de modo límpido e cristalino".

6. As "protoformas do serviço social" é o tema de Maguiña (1982: 30-9) no número 11 da revista *Acción Crítica*.

7. Conforme faz o estudo de Serra (1982) sobre a prática do serviço social.

eminentemente profissional, isto é, assalariado, objetivado e situado em esquemas organizacionais.

O senso comum dos assistentes sociais não pode considerar o seu trabalho nas organizações como trabalho alienado. A idéia mágica, procedente da Reconceituação, de que o profissional é o sujeito consciente da escolha pela finalidade política das suas atividades ainda persiste como dilema no trabalho cotidiano. Escolher entre a manutenção da hegemonia dominante ou o seu oposto, a prática alternativa fora do aparelho institucional, demonstra como se confunde o conhecimento para a ação com o conhecimento teórico (Serra, 1982: 62).

A evidência da intenção abrangente do termo "prática profissional" aparece exatamente na medida em que permite duas ou mais utilizações, completamente antagônicas, resguardando, todavia, o mesmo conteúdo técnico e ético.

O termo, visto assim, encobre, sob fórmulas-chaves, o conteúdo ideológico do trabalho profissional, cujas raízes se encontram, tanto na formação profissional, como na função social dos serviços, ambos orientados para servir à sociedade como um todo.

A idéia de prática profissional pretende, também, incluir o trabalho do assistente social no amplo conceito de "prática social". Isso facilita associar o trabalho profissional a todas as demais práticas sociais, consideradas práticas de "luta dos diversos organismos da sociedade civil" e, portanto, práticas coletivas e organizadas (Serra, 1982: 67). Ora, no caso, já não se trata mais de ver a atividade profissional contratada para atingir objetivos e situada como serviço nas organizações; trata-se, sim, de propor uma direção ao trabalho profissional, sem investigar como se realiza esse trabalho. E mais uma vez analisar somente a fala e não os fatos.[8]

---

8. O estudo em pauta se propõe a analisar "o pensamento de um grupo de profissionais e alunos de serviço social", que remete a uma análise no plano das idéias. Infelizmente, o resultado obtido localiza-se no âmbito das estratégias de ação. Ver Serra (1982).

Em outro estudo das representações dos assistentes sociais, feito através de "relatos de trabalhos grupais",[9] aponta-se para listas de itens configuradores do que a autora chama de "problemática básica dos assistentes sociais", independente das diferenças regionais dos exercícios profissionais. O primeiro conjunto de itens abrange os "problemas profissionais decorrentes das exigências institucionais" (Souza, 1982: 10). As atividades dos assistentes sociais são tratadas como "práticas profissionais", mas também como "ação profissional", e a proposta central do estudo é a "apreensão da significação que as atividades expressam através das suas articulações e definições" (Souza, 1982: 101). Na organização das concepções de serviço social presentes nas atividades cotidianas do assistente social não se encontra a concepção de que serviço social é serviço nas organizações e na sociedade. O trabalho do assistente social é visto como atividade técnica ou técnico-científica, e o termo serviço é utilizado como local onde se "manifestam necessidades e problemas aparentes e mediatos", ou como tipo de atendimento requerido por esses problemas.[10] Não se aborda o movimento constante dos departamentos de serviço social, característico da sua posição e função como serviço nas estruturas organizacionais, nem as instituições de serviço como organizações específicas da lógica moderna do capitalismo, onde o público e o privado se misturam e a divisão social do trabalho não é mais tão clara quanto parece.

Contudo, o estudo conduz a algumas conclusões diretamente vinculadas às hipóteses do presente trabalho e aos resultados das análises que essas proporcionaram. No capítulo sobre as reflexões finais, a autora aponta para "dimensões requeridas pelas redefinições do serviço social", sob a alegação de que o assistente social realiza na prática, e nega

9. As referências a partir de agora são ao estudo de Souza (1982).

10. Ver os quadros sobre o que a autora chama de tendências conceituais (Souza, 1982: 109-11).

no discurso, "formas assistemáticas" de atuação profissional. Entre essas, destaca a administração do pessoal diretamente relacionada com a execução de projetos e programas de bem-estar. Conclui a autora que essa modalidade da administração nada mais é do que exercer a função de administração de pessoal. "Com isso, quer-se chamar a atenção para o fato de que a administração em serviço social assumindo a administração de pessoal como foco de atenção metodológica deixa a descoberto toda uma problemática que precisa ser estudada e sistematizada enquanto procedimento metodológico que deve dirigir-se ao desenvolvimento da população" (Souza, 1982: 140). Em que pese, mais uma vez, o tom prescritivo do "deve-ser", conduzindo, como de praxe, as constatações sobre a prática para proposições éticas, o texto mostra que a autora se dá conta de que a ação profissional do assistente social inclui funções de coordenação e de administração. Contudo, as considera "atividades em si mesmas" ou "etapas comuns a alguns outros procedimentos metodológicos" ou, ainda, "etapas desligadas de um processo metodológico mais amplo" (Souza, 1982: 141).

Na análise de relatos, avaliando-se atividades pela descrição que cada um faz, não se desnudam os modos com que as atividades referidas se transformam em funções administrativas não-declaradas, porém reais. É aconselhável que a análise do discurso se origine, pelo menos, do conhecimento do contexto vivido pelo depoente e dos pressupostos ideológicos das formulações sobre suas atividades.

Diante dessa preocupação da autora, seria lícito questionar o argumento explícito que usa para justificar a necessidade de se estudar melhor a questão: "Sobre esse assunto já Mary Richmond chama atenção para as funções administrativas do assistente social, as quais o absorviam em detrimento do seu trabalho social. . . Se Richmond, no início do século, já se preocupava com esse aspecto, o que poderia acontecer hoje, quando a burocracia da administração invade todos os aspectos da vida profissional?"[11] Ao que poderia ser respondido, simplesmente, que Richmond, em seu tempo, tinha uma visão fragmentada da realidade e das funções profissionais do assistente social: uma interpretação teórico-metodológica da prática profissional, realizada a partir de dados concretos, deveria ultrapassar as representações contidas no discurso e tornar mais transparentes os mecanismos de manipulação que os serviços de controle exercem.

Na mesma linha prescritiva dos textos anteriores, com a ressalva de que não se trata de análise de discurso, mas o discurso em si mesmo, o tema da prática profissional institucionalizada continua a ocupar páginas impressas. A coletânea de conferências cujo enfoque é o saber profissional e o poder institucional[12] não aborda, em momento algum, o serviço social como serviço. Pretendendo responder à "ansiedade dos profissionais por vislumbrar alternativas de ação que possam viabilizar" (Faleiros, 1985: 45), o autor prossegue a retórica da prática profissional institucionalizada, fazendo proposições fantásticas, que denotam a omissão de pesquisas sobre o tema, muito embora afirme o contrário, referindo-se às mediações por que passa o trabalho profissional, tema de investigações no Peru.[13]

Um aspecto importante, que denota como dados empíricos precisam ser o ponto de partida para interpretações teóricas, é o assalariamento do trabalho profissional. Diz o texto: "O trabalho concreto do assistente social encobria seu caráter abstrato. Esse trabalho concreto parecia útil em si mesmo aos indivíduos, oferecendo-lhes pequenas compensações na realidade de exploração, mas abstratamente o assis-

---

11. Veja-se a argumentação completa no estudo em análise (Souza, 1982: 139-42).

12. A partir daqui serão feitos alguns comentários sobre a obra de Faleiros (1985), que se compõe de textos escritos de 1977 a 1984, na sua maioria palestras.

13. O assunto em discussão encontra-se no primeiro texto da coletânea, parte I.

tente social vende sua força de trabalho e, portanto, se encontra nas mesmas condições de exploração... Essa descoberta veio mostrar que o assalariamento, que a venda de sua força de trabalho, o faz participar das mesmas condições objetivas em que se encontra a população com quem trabalha" (Faleiros, 1985: 19).

Esse argumento é, no mínimo, insólito. A experiência diária dos indivíduos e dos profissionais não permite a compreensão teórica dos mecanismos capitalistas através da descoberta de fatos em si. No caso, o assalariamento de profissionais, já em 1940, correspondia a mais de 50% da mão-de-obra ativa nos Estados Unidos (Mills, 1979: 85). Hoje, mesmo no Brasil, nas sociedades urbano-industriais, certamente a faixa dos assalariados é mais larga que essa. Mas não basta pretender, no moderno mundo organizacional da divisão do trabalho hierarquizado, igualar as condições sociais das pessoas por um só parâmetro. Em termos de propriedade, os assistentes sociais estão na mesma situação de classe dos operários. Entretanto, a distribuição nas pirâmides organizacionais coloca os assistentes sociais em níveis hierárquicos superiores aos dos operários, conferindo-lhes um poder definido pela função técnica e especializada na ordenação estrutural. Durante o trabalho, por força de sua localização na hierarquia de poder, os assistentes sociais exercem uma autoridade que não tem caráter individual, mas lhes é atribuída por outros. "Como um administrado, ele é controlado de cima, e talvez seja considerado uma ameaça; como um administrador, ele é visto debaixo, e talvez seja considerado um instrumento. Ele é, ao mesmo tempo, um dente da engrenagem e a esteira rolante da maquinaria burocrática; é um elo da cadeia de comando, persuasões, circulares e avisos que une os homens que fabricam decisões aos homens que fabricam coisas; sem ele não poderia existir o demiurgo administrativo" (Mills, 1979: 100).

O autor dos textos em exame prega a tomada de consciência do uso e exercício de poder sobre os subordinados, dentro e fora das organizações. Prega aos assistentes sociais que "se veja(m) numa relação de força não só com a população mas também com outros profissionais e com a própria direção da instituição, no contexto de elaboração das políticas sociais numa determinada sociedade capitalista" (Faleiros, 1985: 113).

Há um sério risco nesse novo "deve-ser". O risco de, mais uma vez, o assistente social não saber o que fazer com essas propostas e acabar desacreditando até do viável, na medida em que não amadurece suas reflexões. O autor, na verdade, permanece reconceituando o serviço social e idealizando o assistente social. Por mais legítimo que possa parecer considerar os trabalhadores científicos e técnicos como trabalhadores explorados e alienados, não se pode ingenuamente acreditar que a divisão organizacional do trabalho em intelectual e manual, assim como a própria pirâmide das organizações que coloca o técnico no nível intermediário ou superior, diversificando as atividades segundo critérios burocráticos, possa ser subvertida por uma categoria profissional. A desburocratização, quando ocorre sob pressão de clientes diretamente dependentes da organização burocrática, faz surgir uma tendência oposta para a formalização e burocratização.

Outrossim, mesmo estando os assistentes sociais e os operários situados do mesmo modo perante o capital, não estão situados do mesmo modo uns em relação aos outros (Gorz, 1980: 227). A função administrativa e técnica do assistente social é, em essência, ideológica. Reproduz dentro das organizações os modos que a sociedade desenvolve, e que a opinião pública incorpora, sobre as desigualdades sociais e a necessidade de seu controle por intermédio dos serviços. Tanto se explicam como se justificam suas funções e objetivos profissionais.

O autor denomina o trabalho do assistente social uma "prática complementar", comparando-a com a enfermagem (Faleiros, 1985: 62). Contudo, estabelece um critério de classificação dos agentes institucionais pautado somente na relação direta entre a prática profissional e a legitimação da existência das instituições, isto é, considera "agentes privilegiados aqueles que, por sua prática, concretizam a ação institucional".[14] Não leva em conta que a liderança profissional independente restringe-se cada vez mais aos resquícios do exercício profissional autônomo, hoje em desaparecimento. A burocratização da medicina ou o escritório de advocacia assumiram proporções onde "uma multidão de assistentes de confiança" executam atividades substitutivas às tarefas privilegiadas e alteram suas funções segundo os interesses dos clientes ou conforme as recompensas internas. O que seria hoje dos hospitais não fosse o corpo de enfermagem organizado, hierarquizado e coordenado? Como explicar conflitos internos nas instituições de serviço, se o "agente privilegiado" fosse o único tomador de decisões?[15]

O trabalho do assistente social, visto como "prática institucionalizada", "prática social" ou "prática complementar", simplesmente faz tábula rasa das dimensões multiformes da divisão social do trabalho, das forças produtivas, da função técnica, administrativa e ideológica dos diferentes níveis hierárquicos nas formações organizacionais modernas.

Enquanto as formas do trabalho do assistente social nos diferentes serviços onde se realizam não forem desmitificadas, a retórica prescritiva de "prática institucionalizada" persistirá mascarando as possibilidades de desvendamento dos dilemas da profissão.

2. A tendência de não falar em "serviço"

A produção teórica nos anos 80 vem se definindo pelas tendências de diferentes grupos de autores. Em 1985 tornamse acessíveis ao público profissional três estudos de grupos

---

14. O autor utiliza a tipologia de Guilhon de Albuquerque (1979), que distingue atores institucionais privilegiados, subordinados e pessoal de apoio (Faleiros, 1985: 62).

15. Veja-se, por exemplo, a análise que consta nos capítulos III e IV do presente estudo, onde numa instituição médica os assistentes sociais exercem, na sua posição, a dominação da ação institucional.

de distintas procedências, cujo significado comum é o balanço de dilemas profissionais. Tomados como representativos dos encaminhamentos teóricos atuais, os documentos revelam que cada grupo, a seu modo, avalia o serviço social e, por conseguinte, defronta-se com as indagações dos assistentes sociais. Os resultados, embora panorâmicos, são ensaios prévios, ou investigações preliminares, que permitem vislumbrar o encaminhamento para reflexões mais profundas das questões profissionais.

É preciso tentar situar cada obra em seu cenário de origem para propiciar a configuração de distintos patamares de leitura. A partir daí, procurar a articulação entre as tendências implícitas nas reflexões dos autores e nas formulações sobre o trabalho dos assistentes sociais na forma de serviço e as implicações ou limitações que daí decorrem. É preciso ver se essa interpretação está presente — total ou parcialmente — e, se não está, como os autores elaboram sua visão do serviço social no momento atual. Em outras palavras, como a vertente de análise desse estudo poderia contribuir para um diagnóstico mais abrangente do trabalho de assistentes sociais.

Encerrada a década de 70, três grupos de autores surgem no cenário da produção teórica do serviço social, demarcando claramente suas posições.

O grupo do Celats[16] vem realizando reflexões sobre o que já se produziu na literatura específica, salientando conquistas e limitações centradas, basicamente, na avaliação dos rumos despontados pelo Movimento de Reconceituação. Sua publicação "Serviço Social Crítico: problemas e perspectivas" (1985) resume os resultados de sete dias de debates entre dezesseis assistentes sociais de diferentes países da América Latina, no ano de 1982. Embora apresente, estritamente, as

---

16. Já citado anteriormente, o Centro Latinoamericano de Trabajo Social, com sede em Lima, Peru, congrega um grupo permanente de profissionais de serviço social que realiza debates, seminários, pesquisas e cursos sobre questões da profissão na América Latina.

conclusões da polêmica, o material permite verificar no universo das indagações as tendências propostas para o trabalho teórico e para as investigações. As partes do documento focalizam três temas: a elaboração teórica na década de 70, a formação profissional e a prática profissional dos assistentes sociais.

Em São Paulo, no começo da década de 80, tem início o curso de doutoramento em serviço social na Pontifícia Universidade Católica. Único no Brasil, e por enquanto também na América Latina, esse programa congrega alunos e professores que, construindo núcleos e linhas de pesquisa, vêm expressando a tendência de analisar a prática dos assistentes sociais em situações históricas particulares. O documento "Assistência na trajetória das políticas sociais brasileiras" (1985)[17] discute a vinculação entre o desempenho dos assistentes sociais e a prática assistencial no Brasil, compreendida no âmbito das políticas sociais emitidas pelas instituições afins. O sentido desse estudo é nuclear e subsidiar pesquisas que procurem explicar melhor o trabalho de assistentes sociais *in loco,* e repensar as propostas de atuação desses profissionais.

No Nordeste brasileiro, outro grupo de profissionais realiza uma pesquisa sobre as funções sócio-institucionais do serviço social, no período de 1978 a 1982, nos Estados que compõem a região da Bahia ao Maranhão. A investigação de Weisshaupt, segundo o seu organizador, nasceu de uma necessidade sentida pelos assistentes sociais ao confrontarem os planos de ensino e as exigências da prática profissional. Foram pesquisadas 112 instituições, correspondentes a 21,7% do universo cadastrado, e seus sujeitos foram os diversos parceiros de papel dos programas sociais existentes:

---

17. Esse estudo (Sposati *et alii,* 1985) é fruto de reflexões coletivas entre os autores, pesquisadores, professores, alunos e agentes institucionais de órgãos governamentais de assistência social durante um período de dois anos (1983-1985), em São Paulo.

assistentes sociais, clientes, chefes imediatos de assistentes sociais e chefes superiores das organizações escolhidas.[18]

A preocupação com o embate cotidiano entre as proposições profissionais e institucionais, que desafia os assistentes sociais, tem se mostrado um objeto reiteradamente tratado por profissionais e docentes dos Estados do Nordeste brasileiro.[19] Naquela região a mão-de-obra ativa de serviço social concentra-se em poucas instituições, particularmente no setor público. Além desse aspecto, é comum que essas instituições desenvolvam, paralelamente aos seus objetivos declarados, um clientelismo e um favoritismo que desviam as propostas dos programas e dos assistentes sociais que os executam.

Esses fatores fortalecem nos assistentes sociais da região os questionamentos a respeito da legitimação institucional, do reconhecimento profissional, da autoridade e da autonomia do profissional de serviço social. Nesses termos, é possível afirmar que existe, no Nordeste brasileiro, um grupo de docentes que caracteriza e estuda o serviço social como um trabalho que se situa no plano das atividades de manipulação ideológica realizadas e justificadas nas instituições da esfera social.

Distinguem-se, nesses três estudos, três prismas de enfoques conceituais da profissão de serviço social, que apontam para reflexões e investigações em direções diferentes. Convém realçar as especificidades de cada tendência para verificar em que os quadros explicativos de cada elaboração se aproximam ou se distanciam dos esclarecimentos sobre a função dos serviços — e, em particular, do serviço social — na sociedade.

---

18. Organizado por Weisshaupt (1985), o relatório da pesquisa "As funções sócio-institucionais do Serviço Social" esclarece que trabalharam nove equipes locais nos Estados, uma equipe de síntese regional, uma comissão de redação, além da coordenação regional.

19. Salientam-se os trabalhos de Reymão (1976), Souza (1979 e 1982) e Mota (1985).

Todos os três textos clamam por um envolvimento maior dos assistentes sociais em pesquisas da prática, ou seja, objetivando um exame mais detalhado do exercício profissional. A cada passo, os assistentes sociais sentem que só com a análise mais concreta das situações de trabalho, através do auxílio de referências teóricas amplas e articuladas, é que se terá mais clareza com respeito aos caminhos da profissão. "A metodologia — ou generalizações sobre o método — é posterior à reflexão acerca das experiências condicionadas por contextos determinados" (Celats, 1985: 20).

O primeiro documento em discussão, produzido no Peru e publicado no Brasil três anos depois, propõe, no nível da elaboração teórica, três direções de reflexão: a crítica teórica às elaborações dos assistentes sociais de pensamento modernizador; a elaboração teórica mais profunda e de maior amplitude temática, que transcenda a vinculação direta com a intervenção profissional; e as análises sobre "problemáticas", como saúde, questões camponesas ou de moradores das periferias (Celats, 1985: 23-5).

Não se nota, explicitamente, qualquer referência no documento sobre a condição de serviço nas organizações como marca da prática profissional. Prosseguindo o discurso reconceituado, o documento não propõe a utilização de vertentes teóricas do pensamento contemporâneo que aprofundem diferentes trilhas da cultura burguesa para esclarecer as sofisticadas organizações do capitalismo monopolista. O desenvolvimento multiforme da civilização do capital nas sociedades em diferentes estágios de seu avanço implica mecanismos de atendimento às necessidades básicas dos homens. É necessário atentar para como é feito esse atendimento, suas condições políticas e suas formas organizacionais. Nessa dinâmica vai se vislumbrar o trabalho do assistente social com funções privilegiadas, porém ainda não esclarecidas devidamente.

Esse prisma de análise remete a uma reflexão teórica, histórica e lógica, que ultrapassa as proposições do texto em questão, incorporando uma sugestão de Covre sobre o tema dos direitos sociais e cidadania,[20] uma proposta metodológica que refletisse mais e melhor o político na cultura contemporânea, mais rico e muito mais amplo do que o econômico, para evitar cair em reducionismos estéreis.[21]

É no âmbito da forma política de controle das disparidades sociais que o assistente social ocupa um lugar privilegiado. Essa esfera, claramente "social", é a esfera em que se confrontam as visões dos grupos fundamentais da sociedade. Reconhecer, portanto, o social a partir do ponto de vista da cultura burguesa, propicia localizar o serviço social nas organizações modernas e, a partir desse prisma, particularizar reflexões que possam encaminhar para a superação de impasses teóricos atuais.

No mesmo plano de discussão pode ser pensado o processo de formação profissional através da "recriação da identidade profissional" (Celats", 1985: 37). No exame da "cultura" que os assistentes sociais desenvolvem quando trabalham em grupo, formando um departamento de serviço, desvenda-se um exercício de identidade profissional que se forja tanto através de suas escolhas cotidianas, pautadas nos mandamentos profissionais, como nas suas tarefas institucionais no papel de "assistentes" dos agentes privilegiados por tradição. Nas organizações médicas — hoje, burocracias da medicina —, os assistentes sociais são agentes importantes que estão, cada vez mais, substituindo antigas funções do ato médico. Na medida em que o especialista tende a reduzir o seu trabalho profissional ao diagnóstico ou ao ato cirúrgico, e se apresenta cada vez menos no relacionamento com o

---

20. Na discussão atual sobre esses conceitos, leia-se, da coletânea *A Cidadania que não temos*, o último artigo (Covre, 1986: 161-88).

21. A autora sugere, para lidar com o monopolismo brasileiro, "desvendar o *intermezzo* socializante que está subjacente ao planejamento/Estado intervencionista... reter a ligação contraditória e complexa que o marxismo elabora entre o econômico e o político, mas ter em mente que o político — a chamada supra-estrutura — é muito mais rico... e, pensar a cultura burguesa como além do que é burguês..." (Covre, 1986: 164-5).

paciente, o assistente social assume essa lacuna e consegue desenvolver, nas instituições, uma espécie de poder institucional sobre os médicos e os clientes. O mesmo ocorre em outras organizações, onde os agentes privilegiados tradicionais só assumem as decisões puramente técnicas, ou seja, essencialmente pertinentes ao direito, à psiquiatria, à economia ou à administração.

Essas reflexões conduzem ao fortalecimento da concepção de que o assistente social é "um agente político por excelência" (Celats, 1985: 59). Suas funções são, em última análise, de coordenação político-administrativa; por um lado, participam da produção do excedente econômico, por outro, distribuem-no, tanto dentro da empresa como fora dela, num âmbito semipúblico e semiprivado. O assistente social está, e não está, a serviço do capital e do Estado, mas sempre está a serviço da sociedade.

Desvendar o que são os serviços nas sociedades em processo de terciarização não é sugestão específica do documento do Celats. Entretanto, leva-se em consideração que o material tem a "característica pontual de muitas das assertivas que repontam no discurso".[22] Como tal, contém propostas gerais que podem ser compreendidas como direções para investigações e reformulações. O documento permite reconhecer que o grupo celatiano se compromete "com o movimento da profissão, se alimenta das suas melhores inquietudes e que, seguramente, reflete suas principais lacunas e deficiências". O importante, parece, é sua tendência explícita "de um maior cuidado analítico com as produções alternativas, de um rigor mais firme e implacável — no bom sentido da palavra — em face das próprias produções, do estabelecimento de um diálogo com outros protagonistas que se vinculam ao rico campo das inquietudes" (Celats, 1985: 79-80). De fato, a posição de vanguarda (da qual o grupo se apropria segundo o próprio texto) o faz assumir a responsabili-

---

22. Esse documento do Celats fixa apenas as conclusões dos sete dias de debates em Lima, conforme Nota do Tradutor.

dade por dúvidas e inseguranças da categoria profissional. Contudo, essa responsabilidade remete, principalmente, ao esclarecimento da demanda do assistente social pelas organizações e pela sociedade. Uma vez localizado no seu espaço de trabalho, é preciso desvendar como o profissional resolve, individualmente ou em grupo, o seu objeto profissional e seu trabalho cotidiano.

Nesse caso, o estudo preliminar sobre a assistência — como mecanismo presente nas políticas sociais brasileiras —, que se propõe a nuclear novas pesquisas sobre o tema, aproxima-se melhor das questões definidoras da ação dos assistentes sociais nos serviços sociais.[23]

A tentativa de recuperar a identidade profissional resgatando a assistência pública como área privilegiada de atuação profissional representa, sobretudo, o retorno às raízes profissionais. "O caráter histórico de sua atividade profissional em qualquer instituição está voltado prioritariamente à efetivação da assistência" (Sposati *et alii,* 1985: 69).

A análise preliminar que o grupo de professores da PUC-SP elabora, faz o corte assistencial das políticas sociais no Brasil e focaliza o assistente social no interior das políticas assistenciais. O propósito do texto é encaminhar a hipótese de que o mecanismo assistencial presente nas políticas sociais contém um espaço para a expansão da cidadania à classes subalternizadas. Esse mecanismo, em geral visto como compensatório de carências, é realizado por serviços de baixa qualidade, por sua vez justificada pela condição de precariedade da clientela: pouco exigente e "ignorante". Outrossim, os mesmos serviços reduzem crises e fragmentam a demanda, na medida em que elegem e classificam as necessidades. São, portanto, formas de efetivar a exclusão através da aparente inclusão, e servem para atestar a "benevolência do Estado frente à carência dos indivíduos" (Sposati *et alii,* 1985: 31).

Embora reconhecendo a relação dominação-subalternidade e a função da neutralização de tensões na sociedade de

---

23. A referência é ao estudo de Sposati *et alii* (1985).

classes, os autores sugerem a possibilidade de que nesse espaço se dêem as articulações das pressões e dos movimentos sociais dos trabalhadores pela ampliação do atendimento de suas necessidades e reivindicações. Os autores estabelecem um paralelo entre as instituições de serviço social e os departamentos de serviço social nas empresas, ambos encravados no campo em que se confrontam os interesses antagônicos e contraditórios do capital e do trabalho. Ora, esse seria o âmbito em que, segundo a ótica do Estado, os excluídos seriam assistidos; mas para a população poderia ser um espaço de conquista de seus direitos sociais. O texto pressupõe que a percepção da existência e dos efeitos de uma "cidadania de segunda classe" — por parte dos trabalhadores — vem articulando os movimentos populares em torno do enfrentamento político e da luta pela igualdade.[24] A carência coletiva, ou a pluralidade da miséria, levaria à "consciência da pobreza", e essa, à organização para o atendimento dos direitos sociais mínimos — como trabalho, alimentação, saúde e moradia. "Este movimento envolve processos de esclarecimento, arregimentação, debate, mobilização, que supõem a liberdade e a resistência à opressão" (Sposati *et alii,* 1985: 37).

Contudo, é no terceiro capítulo que se discute a ação dos assistentes sociais no cerne da questão assistencial. Percorrendo a história da profissão, o assistente social é visto como um profissional que rejeita a assistência, privilegiando a ação educativa e promocional; só entendendo a função assistencial como emergencial e paliativa, desconhecendo-lhe as possibilidades como espaço de lutas. Em suma, o texto não supera, propriamente, o impasse estabelecido entre assistência social e serviço social. Mostra como tanto o senso comum, como os próprios profissionais, elaboram a imagem do assistente social fazendo a doação do leite, dos remédios ou da cesta de alimentos.

---

24. Não se coloca em dúvida esse pressuposto. Os autores realizaram debates com técnicos em instituições e se valeram de sua experiência profissional em serviços sociais do Estado.

A cada passo, o texto levanta problemas e coloca as dúvidas que a categoria dos assistentes sociais vem desenvolvendo. Para subsidiar investigações sobre situações singulares, as reflexões são ricas e freqüentes. O mérito do texto está sem dúvida na motivação que suscita para pesquisar como se dá a prestação de serviço social nas instituições que tenham essa finalidade.

Contrapondo assistência a assistencialismo, interpreta o primeiro termo como uma abertura possível para funções que ultrapassem o caráter emergencial da ação; e o segundo como o burocratismo e o paternalismo com que o assistente social atende o seu cliente. A dimensão que o grupo de autores propõe para repensar a prática assistencial é a de "instância de mediação fundamental ao avanço da consciência e apropriação de bens e serviços pelas classes subalternizadas" (Sposati *et alii,* 1985: 72). Ao longo desta análise, a prática assistencial teria que ser explicitada pela reificação que se realiza nas formas com "que as mediações institucionalizadas de segunda ordem se interpõem entre o homem e sua atividade, entre o homem e a natureza, entre o homem e o homem".[25]

No último capítulo, o texto propõe o estudo mais profundo e abrangente da rede de serviços de assistência no conjunto da ação governamental, destacando a ausência de *status* desses tipos de organismos. "O aparelho institucional assistencial se comporta como o submundo do Estado e atua de forma a abafar e ocultar a exclusão" (Sposati *et alii,* 1985: 83).

O extenso conjunto de problemas que o texto arrola denuncia a grande ausência de pesquisas empíricas sobre o movimento dos serviços no âmbito social, suas funções expressas ante suas funções camufladas, e outras questões subjacentes. Rastrear a dinâmica dos serviços e o trabalho coti-

---

25. Fundamental para se entender a alienação e a reificação pelas mediações é a leitura de Mészáros (1981).

diano dos profissionais dos serviços de controle na sociedade desvenda os possíveis espaços de confronto das classes sociais e as estratégias para a efetivação de conquistas. O estudo dos serviços sociais na condição de serviço, e dos serviços como responsáveis pela explicação-ocultação dos mecanismos de compensação (pobreza-riqueza, ou inclusão-exclusão dos desiguais) conduziria as reflexões para um patamar onde a totalidade remeteria ao singular e esse se reportaria à totalidade novamente. Em outras palavras, o serviço social (e tudo o que o termo generaliza) seria desmontado e reconstruído, afastando-se o mito da autonomia do próprio objeto de estudo — a suposta autonomia do serviço social no mundo do trabalho e das organizações.

Compreender o movimento dos serviços conduz também ao reconhecimento de que a prática dos assistentes sociais nas sociedades capitalistas não difere, em essência, nas diferentes condições de desenvolvimento dessas sociedades. Apenas a aparência de um excedente maior e mais direcionado à efetivação de políticas sociais estende, nos países ricos, o campo dos serviços sociais. Mas, em contrapartida, o dilema profissional persiste. Textos americanos retratam que quanto mais a sociedade se desenvolve, mais o profissional de serviço social encontra áreas de ação. E neste expandir-se constantemente, estende-se o âmbito da incerteza e da indefinição da sua especificidade.[26] A busca da identidade profissional, portanto, acaba por permanecer em qualquer país nas condições históricas dadas pelo sistema capitalista.

Se, por um lado, disso decorre um inconformismo produtivo, e esse inconformismo existe por causa da responsabilidade que o profissional sente ante as necessidades de milhões de seres humanos — e o assistente social o sabe, porque vê, atende, conhece e avalia —, por outro lado, torna-se uma obsessão crônica a questão do prestígio profissio-

26. "Para determinar, de início, a função exata de um grupo determinado de serviço, é necessário saber que deveres foram designados e que poder foi delegado a seu gerente" (Koontz & O'Donnell, 1974: 362).

nal. Algumas tentativas de cunho exploratório são periodicamente feitas; busca-se um rol de atribuições para o serviço social, utilizando subclassificações por campo de trabalho, por níveis hierárquicos determinados pelas organizações, por indicadores das condições de pobreza, miséria e deficiências de equipamento social.[27] Os estudos apenas confirmam o largo espectro de atividades que o profissional de serviço social realiza e que confunde um público acostumado a julgar a atividade profissional pela especialidade. Outrossim, essa ampla rede de oportunidades de trabalho é vista como indefinição de área de competência e, para os assistentes sociais, ecoa como não-reconhecimento profissional na sociedade. É importante lembrar que a sociedade burguesa, seja qual for o seu estágio de desenvolvimento, não vê nem quer ver a miséria, a pobreza, a desgraça implícita ao seu processo de evolução. Daí a questão do desprestígio profissional ficar mais acintoso: quem lida com a face oculta da sociedade não tem *status* porque sua clientela também não o tem. No setor terciário, isso é flagrante: os serviços de consumo, por exemplo, como hotelaria ou espetáculos, servem a um público de considerável poder aquisitivo, decorrendo daí o seu prestígio. Já os serviços de produção, que servem nitidamente ao processo produtivo do setor secundário, só são conhecidos por seus consumidores e são esses que constituem o seu mercado (transporte de carga ou pesquisa tecnológica, por exemplo). Mas qual é o público dos serviços de controle? E, principalmente, daqueles serviços de controle que, se ainda não adquiriram autonomia na divisão social do trabalho, existem para atender ao menor delinqüente e abandonado, às famílias dos desempregados ou aos velhos que ninguém quer sustentar? Todos que a eles atendem, se são empregados do aparelho estatal, aparecem como funcionários públicos. Como tais são desfigurados nas tabelas de distribuição da mão-de-obra e, quando muito, incluídos em setores: higiene,

---

27. Ver, por exemplo, *Debates Sociais Suplemento n.º 5*, Funções do Serviço Social, CBCISS, Rio de Janeiro, dezembro de 1971.

saúde, educação.[28] No caso dos serviços particulares, que ainda seguem a tradição da caridade como uma justificativa para abrandar as desigualdades sociais, os prestadores de serviço não são considerados profissionais pagos ou empregados, pois se entende que o serviço que prestam já inclui a benevolência a ser compensada por atividades remuneradas em outras instituições (é comum o médico ser chamado para atender uma criança num orfanato particular, sem nenhuma compensação em dinheiro). Daí é que, nesse quadro mal definido, a profissão de assistente social nem mesmo é considerada uma profissão por aqueles que, não conhecendo as necessidades básicas, também não reconhecem a utilidade que os profissionais têm para estas necessidades.

Diz um texto americano: "...o comportamento de um assistente social dentro de uma organização será influenciado pela posição que sua profissão reivindicar, e essa posição, por sua vez, se modificará à medida que o grupo de trabalho encontrar uma posição específica mais ou menos consistente com as necessidades do seu ideal de trabalho" (Kahn, 1984: 170).

Esse é o quadro no qual o assistente social está situado, tanto nas organizações como no próprio panorama da divisão da mão-de-obra ativa.

Acrescente-se, ainda, o impulso que a profissão tomou através da promoção de funcionários burocráticos para o cargo de assistente social. Esse processo ocorre com a organização de setores ou departamentos de serviço social nas empresas e nas instituições governamentais; ou porque muitos funcionários de cargos mal remunerados estudam em cursos de serviço social à noite, pleiteando, ao fim do curso, uma vaga no departamento de serviço social da mesma organização.

Em ambos os casos, pelo menos onde é comum haver concurso para assistentes sociais, em bancos, em empresas

---

28. Ver vários exemplos nos trabalhos de Naville *et alii* (1973: 167-282).

ou em instituições de serviços públicos, os candidatos são escriturários, caixas ou atendentes que se inscrevem nas seleções para o departamento de serviço social da organização onde antes exerciam tarefas mais simples e mais repetitivas.[29]

Nesse confronto de textos, parece claro que o assistente social ora rejeita as suas raízes, ora volta a resgatá-las. O que é óbvio é que, nos serviços de assistência pública, ele tem hoje maior autonomia profissional do que nos serviços de saúde, educação ou saúde mental. Por outro lado, no serviço público, tem mais liberdade para pôr em prática o seu papel de intermediador entre os setores populares e o Estado, embora isso ainda dependa dos governos e das políticas sociais. É principalmente nesse contexto que pode exercer o seu papel político, em condições dadas, e cumprir a sua função (Celats, 1985: 62-3).

A assistência é, de fato, uma tarefa dos serviços sociais, e a assistência organizada nas instituições constitui um espaço do trabalho do assistente social. Na medida em que o estudo dos professores da PUC-SP levanta a questão da prestação de serviços (tão mal compreendida pela categoria profissional, porque não a conceitua historicamente), está também interrogando o conteúdo desses serviços prestados. "É preciso tornar claro que a prestação de serviços assistenciais não é o elemento revelador da prática assistencialista" (Sposati *et alii,* 1985: 68). Reconhecendo que o assistente social "cumpre função legitimadora quando a orientação político-ideológica de sua prática não se dá sob marcas críticas, restringindo-se à aparência, reiterando conseqüentemente o assistencialismo" (Sposati *et alii,* 1985: 69), os autores desconsideram a alienação à qual o próprio assistente social é submetido. Esse enfoque parcial do trabalho dos assistentes sociais nos serviços supõe que o profissional tenha constan-

---

29. É possível, mesmo, que isto seja incentivado nestas organizações, sobretudo nas empresas. Há provas de seleção para assistentes sociais em bancos, por exemplo, onde todos os candidatos eram antigos funcionários em cargos com menor remuneração. Sem dúvida é uma estratégia de intenções ideológicas.

temente consciência do sentido político e ético de seus atos. É um engano que vem persistindo na literatura profissional. Os serviços, principalmente os que administram as desigualdades dos homens na sociedade, são a forma mais engenhosa da reificação que sustenta o desenvolvimento do capitalismo. A mão-de-obra que neles exerce o seu desempenho profissional é o segmento mais sujeito aos mecanismos de alienação. Ambos realizam modos de mascaramento nas formações organizacionais complexas, em que não se distingue em nome de quem os resultados se dão.

Como isso tudo é entendido pelos assistentes sociais sujeitos da pesquisa realizada no Nordeste brasileiro?

A investigação em pauta[30] se propõe a teorizar, a partir de depoimentos, o contraponto instituição e profissão, enquanto constituintes do sistema de referência do trabalho dos assistentes sociais. A problemática da constante redefinição do objeto, dos objetivos, dos instrumentos e dos campos de intervenção — tanto na teoria como na prática dos assistentes sociais — justifica a importância da pesquisa (Weisshaupt, 1985: 22).

O enfrentamento da questão põe, de imediato, a indefinição do objeto da profissão. Todavia, a reflexão mais profunda remete à reificação que se inscreve no mundo dos serviços e das organizações e que se apresenta nos diversos modos de reconhecimento emitidos pelos diferentes parceiros de exercício profissional. "Neste sentido, o problema se situa no desencontro existente entre as representações dos diversos atores em jogo" (Weisshaupt, 1985: 142).

De outro lado, a pesquisa revela que "o assistente social se encontra diante de um sistema de lealdades conflitantes, pelo menos em potencial: a lealdade que deve à instituição, ao cliente, à profissão e à organização na qual trabalha" (idem, 1985: 145). A articulação desse sistema, numa visão

30. Daqui por diante o objeto de comentários é o estudo coordenado por Weisshaupt (1985).

de totalidade, tornou-se uma exigência do credo profissional; contudo, os assistentes sociais sujeitos da pesquisa revelam desconhecer as estratégias para essa prática. A explicação que o texto fornece é insuficiente: "a realidade, como se sabe, se caracteriza mais pelo aspecto contraditório, que não é assumido quando um dos pólos da situação é ignorado" (idem, 1985): 146).

Mais uma vez, a carência de teorias explicativas sobre os mecanismos das organizações e seu suporte político-ideológico simplifica as conclusões e reduz ao termo "contradição" aquilo que não fica claro.[31]

Embora o trabalho, já na explicitação da problemática, contenha certa confusão ou, às vezes, um uso indiscriminado dos termos "instituição" e "organização", é evidente que se trata de uma inestimável contribuição à compreensão da prática exercida pelos assistentes sociais no Brasil. É preciso dizer que não se percebe ser a realidade profissional pesquisada restrita aos Estados do Nordeste. Pela leitura tem-se a impressão de que é uma amostra representativa do país inteiro. "O estudo se limita à prática técnica (objeto, instrumental e produto da prática), considerada como prática institucional (objetivos profissionais), inserida num contexto organizacional e institucional determinado, que a condiciona externamente (autonomia e reconhecimento profissional)" (Weisshaupt, 1985: 10). A prática do serviço social é avaliada no plano institucional; as instituições são encaradas como expressões e conformações de relações de força; penetram, entretanto, o plano organizacional, considerado o palco de lutas dos agentes sociais em prol de seus interesses (idem, 1985: 27).

É preciso reconhecer que é a primeira publicação de uma pesquisa de fôlego. Seleciona como campo de estudo a prática profissional em suas condições concretas; em fun-

---

31. É comum, na literatura profissional, o termo "contradição" ser usado como sinônimo de "oposto", "antagônico", "contrário", ou mesmo "obscuro".

ção de um suporte teórico, desdobra seus elementos constitutivos em diferentes planos. Esse é o meio de tratar as respostas dos sujeitos de modo tal que configurem uma explicação da realidade dessa prática.

Alguns pontos são especialmente importantes para ampliar as idéias que sustentam a hipótese de o serviço social constituir, na conformação de serviço da sociedade de classes, uma burocracia especial, com traços culturais próprios.

O trabalho do assistente social vai-se revelando, pouco a pouco, através dos dados. Fica claro como o profissional de serviço social constrói no seu cotidiano uma burocracia especial nos modos de separar as suas ações das demais ações profissionais do trabalho coletivo, pela codificação dos seus atos e pelo cultivo de um sistema próprio de valores. Se, de um lado, utiliza tradicionais prescrições sobre as formas e os princípios que ainda regem o relacionamento com o seu cliente, de outro, reduz essas mesmas prescrições a providências imediatas para atender às rotinas institucionais.

Reconhece-se, na análise, que os objetivos profissionais, tal como se expressam através dos depoimentos dos assistentes sociais, implicam a superposição de diferentes cortes conceituais: para os assistentes sociais a teoria e o estatuto da profissão somam-se, configurando um cânone homogêneo e cristalizado, de forte inspiração corporativista. O veio teórico da pesquisa em questão, a partir da expressão espontânea dos agentes entrevistados, delineia a intenção do que o autor denomina "apropriação do objeto social pelo serviço social" (Weisshaupt, 1985: 38-9). O autor chama a atenção para o que, curiosamente, passa despercebido para a maioria das profissões: objetivos profissionais são considerados parte da teoria, mas é a definição do objeto próprio, ou dos objetos de intervenção, que se debate no campo teórico.[32] O estudo

---

32. "Em geral a discussão dos objetivos se processa no campo político da deontologia profissional e não no campo teórico de sua ontologia" (Weisshaupt, 1985: 37).

faz alusão à confusão entre o ético e o teórico, moto-contínuo nas falas e nos escritos dos assistentes sociais.

O objeto do trabalho profissional nos serviços se modifica pelo uso do instrumental, do conhecimento aplicado e pela finalidade da ação no contexto do trabalho coletivo.

Os objetivos profissionais, como expressão subjetiva da intencionalidade da ação, não sustentam a teoria profissional, mas suas justificativas ideológicas. Ora, esse já é um indicador, ao que parece, da confusão existente na definição da identidade profissional, que sempre acompanha as inquietudes profissionais. Se, por um lado, o assistente social, na sua formação escolar, cristaliza componentes éticos que, no decorrer do exercício profissional, são postos em xeque por outras alternativas ideológicas, ele, como profissional, só pode sentir-se ou enganado, ou dividido. Por outro lado, na construção que efetua do objeto da sua prática nas organizações, sempre emite esses mesmos componentes, que acabam por estigmatizá-lo. Daí, embora definidos para direcionar a ação profissional, esses mesmos componentes são negados, ocultados, relacionados ou substituídos pelos objetivos das organizações em que a prática se realiza: isso significa que o objeto da prática do serviço social também acaba por incorporar na sua configuração os objetivos das organizações onde a prática se dá.

O serviço social, como serviço na sociedade urbano-industrial atual, não pode ser compreendido descolado da formação organizacional em que se encontra, mesmo quando o agente privilegiado é o assistente social, visto que a sua função tem a ver diretamente com a finalidade maior, política, que justifica a sua inclusão no quadro institucional.

O caráter instrumental do trabalho do assistente social nas organizações reflete a sua utilidade política, traço comum aos serviços.

A questão não pode ser vista apenas sob o ponto de vista de quem dá a última palavra (ou decide) dentro das organizações. O que ocorre é que serviços servem sempre a decisões políticas maiores. As organizações de serviço social aparentam autonomia porque o leigo (em serviço social) ao qual estão subordinadas é o governante ou um grupo social representativo de interesses de beneficência — nas Secretarias de Estado ou nas organizações filantrópicas. No caso de organizações, onde o serviço social é complementar, os objetivos organizacionais podem ser alcançados independenmente da contribuição do departamento de serviço social. Se esse departamento foi incluído no organograma, deve existir a intenção, declarada ou não, de uma orientação política interna que direcionará as atribuições do serviço social.

É nas organizações, em que o assistente social ocupa um espaço diretamente subordinado aos agentes privilegiados (instituições médicas, empresas, penitenciárias, tribunais, etc.), que se verifica a incompatibilização dos objetivos profissionais e organizacionais.

Nos serviços para menores delinqüentes ou nos serviços de saúde ainda há como estabelecer a complementaridade dos diferentes objetivos, pois esta é a própria história do serviço social.[33]

Mas, na medida em que o assistente social tem de enfrentar o mundo da empresa, torna-se claro na prática: embora oculto ao discurso, os seus objetivos profissionais não são identificáveis com os objetivos da empresa. Em muitos casos, nota-se uma tentativa de adaptação dos objetivos entre si. É comum ouvir do assistente social da empresa que a organização se importa em humanizar o ambiente de tra-

---

33. Ver em Richmond (1950: 12) a referência às origens da profissão: "Já dois anos antes de ter sido escrito *The Survey* de 5 de fevereiro de 1910, o juiz do Tribunal da Infância de Chicago solicitava que, além das histórias das famílias, se apurassem minuciosamente, em exames próprios, quaisquer perturbações físicas e mentais que as crianças sujeitas ao Tribunal pudessem revelar". E, mais adiante: "O serviço médico-social foi criado por R. C. Cabot, que em 1905 organizou o primeiro desse tipo na secção de consultas externas do Hospital Geral de Massachusetts... O que o Dr. Cabot tinha em mente quando introduziu nas consultas dos dispensários e depois na clínica particular as trabalhadoras sociais, não era a mistura do trabalho médico com o trabalho social, mas como uma verdadeira união química de ambos" (1950: 13-4).

balho, justificando as boas intenções empresariais pelos objetivos do serviço social. Não fosse assim, não haveria tantos assistentes sociais nas empresas do Brasil. A análise de Weisshaupt não considera que as organizações têm sempre objetivos reais e objetivos expressos. É muito freqüente os porta-vozes de certas organizações declararem objetivos diferentes dos realmente procurados. Só a pesquisa de fontes documentais, de recursos materiais e humanos, de opiniões de diferentes indivíduos e grupos em diferentes situações é que fornece informações sobre as verdadeiras intenções das organizações.

É comum o assistente social fazer uso das limitações organizacionais como obstáculos à plena efetivação da prática profissional.[34] Centra sua argumentação no fato de que o serviço social exerce um desempenho burocrático. Geralmente, os profissionais adotam o significado gerado pelo senso comum: burocracia é repetição, preenchimento de papéis, atendimento de guichê. Longe de se darem conta de que o contexto burocrático os protege da crítica direta de incompetência, consideram-se tolhidos em sua autonomia pelo que entendem por burocracia. Na realidade, uma característica da burocracia consiste, exatamente, na legitimação do poder e da autoridade do burocrata. Logo que qualquer funcionário passa pelos portões das instituições, reveste-se de um *status* conferido somente pelo fato de pertencer à instituição. Essa investidura legal, representada pelo contrato de trabalho, abre um espaço de ação que precisa ser dimensionado, uma vez que seus contornos não são dados *a priori*, nem mencionados pelos pares. Cabe a cada um, portanto, preencher esse espaço e fazer valer o seu cargo. Nas articulações internas, a burocracia corrobora a competição, a ascensão, a luta e os conflitos. É preciso ser tático e estratégico. Mas isso demanda investigar bem mais detalhadamente o movimento interno das organizações. O nível hierárquico

---

34. Ver no texto em análise, Weisshaupt (1985: 44), o depoimento de um sujeito que iguala serviço burocrático com "preenchimento de papelada" e ainda acredita que está "capacitando a pessoa para uma vida normal na sociedade".

do técnico é, muitas vezes, intermediário, dependendo dos organogramas. Graças a sua formação superior, o assistente social sempre terá o reconhecimento organizacional, sempre ocupará uma posição de autoridade e responsabilidade técnica. A vantagem implícita está em que sua posição suscita uma expectativa à sua especialidade. Os cargos que lhe são superiores geralmente são cargos decisórios. Ora, compete-lhe influenciar as decisões políticas. A burocracia facilita essa estratégia, não limita. Não considerar esses aspectos remete, necessariamente, à constatação de que os assistentes sociais ainda não distinguem e nem articulam os planos organizacionais e institucionais relativos às possibilidades de sua prática nas entidades em que ela se efetiva.[35] Essa não é, obviamente, a garantia da permanência do serviço social na constelação organizacional da instituição. Como em todo serviço, os critérios de avaliação mudam, conforme os ventos políticos ou as curvas econômicas. Mas ao assistente social cabe desenvolver a perspicácia que lhe propicia o conhecimento ou o reconhecimento do seu campo de manobra. Na mesma medida da precariedade desse reconhecimento se revela a precariedade do seu desempenho. Weisshaupt e seus colaboradores assim expressam a questão: "...como o problema de identidade profissional é aguçado pela constante referência a um objeto institucional que lhe escapa ao controle, o assistente social perde os espaços intermediários entre uma conformada aceitação das relações institucionais vigentes — ao preço da perda de identidade profissional — e uma radical afirmação da especificidade profissional — ao preço da perda de vista da realidade concreta onde atua" (Weisshaupt, 1985: 46).

O objeto real da prática profissional nos serviços nunca é fornecido ao profissional no momento em que ele é requisitado pelas organizações. Parece bastante pertinente afirmar

---

35. Weisshaupt (1985: 45) refere-se à "fraqueza institucional da própria teoria do serviço social" como causa das dificuldades dos assistentes sociais para relacionarem os objetivos profissionais aos objetivos institucionais.

aqui que o objeto da prática profissional do assistente social é construído historicamente, pelo profissional e pelos seus pares, uma vez que, dadas as características de serviço, essa construção pode não se dar isoladamente. Serviço é mecanismo político e econômico e o objeto da prática do serviço social é construído pelo assistente social referindo-se, constantemente, aos elementos constitutivos desse objeto: a formação organizacional e o cliente efetivo ou em potencial. É preciso ainda reiterar a consideração de que a construção do objeto da prática profissional do assistente social, sendo uma construção contínua, muda em alguns aspectos durante o seu processo. Por outro lado, a sua existência não depende somente do cliente, do profissional e do sucesso. Predominantemente nas organizações, onde o objetivo real pode ser obtido sem a contribuição do serviço social, a existência do departamento afim pode ser episódica. Eis aí um desafio para os assistentes sociais. Se a sua utilidade decorre das conseqüências da desigualdade social inerente ao capitalismo, é preciso saber analisar o âmbito dessa utilidade. Nas sociedades mais desenvolvidas, a demanda por assistentes sociais permanece, embora suas funções se modifiquem. Nas sociedades subdesenvolvidas, e predominantemente nos centros urbano-industriais, a grande função esperada (mas nem sempre realizada) é a necessária administração da relação instituição social/carência populacional. Essa expectativa não é só dos patrões ou dos governantes. É a exigência impiedosa da sociedade. Nas sociedades pobres, o serviço social é útil para atender a essa exigência nas formas ainda pobres para fazê-lo: poucas instituições, parcos recursos, limitadas possibilidades de atendimento, incluindo aí as limitações, também, das funções administrativas da relação instituição-carência. Acrescente-se, ainda, as fragmentadas e episódicas políticas sociais emitidas pelos governos e pelos empresários (para citar apenas os empregadores dos assistentes sociais). Nas sociedades ricas, o serviço social continua útil porque as necessidades mudam, a rede de serviços se estende, o excedente econômico amplia os valores sociais, sofisticando as formas de controle e de consumo.[36] Portanto, a demanda por assistentes sociais tende a aumentar. Resta saber como a profissão dará conta do recado.

Nessa perspectiva, o serviço social como profissão pode encontrar, nas dimensões teóricas das suas práticas, inúmeras possibilidades. As diferentes teorias, que continuamente fornecem vertentes para a teorização dos objetos do serviço social, podem produzir um elenco de opções metodológicas para debates.

É nesses termos que a investigação de Weisshaupt e seus colaboradores tem um mérito incontestável. No que tange à condição de serviço na sociedade, o estudo, embora não utilizando explicitamente esse conceito, deixa claro que as teorizações feitas no âmbito profissional permanecem confundindo prestação de serviços com instituição de serviço, ao caracterizarem o serviço social. Com seus traços próprios, o serviço social deve ser examinado na sua conformação organizacional e incluído nas determinações do setor terciário ou nas suas articulações com o setor secundário. Nesse contexto, o serviço social realiza práticas administrativas, atividades de coordenação, supervisão, treinamentos, assessoria e consultoria. Mas essas funções, que aparecem explícitas nos depoimentos dos sujeitos, não são por eles reconhecidas como atividades de serviço social. Nenhuma prática de serviço social se faz sem um lastro administrativo. Mas o estudo mostra que essa competência, ao invés de estimular os assistentes sociais, é reduzida ao campo documental, através da obrigatoriedade de registros, mapas e planos. Por um lado, nota-se que o assistente social se diz tecnicamente despreparado para desempenhar essas tarefas, mas, por outro, revela-se aí, mais uma vez, como o profissional reduz o seu espaço possível, como escamoteia sua única função persistente, fazendo pouco caso do que poderia ser um verdadeiro instrumento de conquista e estratégia. O cliente, a instituição e as

---

36. Peter Drucker refere que "as instituições de serviço corporificam os valores das sociedades desenvolvidas" (Drucker, 1975: 144).

articulações organizacionais são o campo de manobras do assistente social. Ao invés de considerar esses mesmos elementos como limitadores da ação política e profissional, deveria compreendê-los em sua dupla perspectiva. O credo profissional que está embutido no assistente social, e que o faz sofrer (como a qualquer outro profissional) ao confrontar-se com um sistema de lealdades conflitantes (Weisshaupt, 1985: 145), burocratiza, provavelmente, a sua prática profissional. Entendendo-se como profissional de serviço social, ele rejeita os instrumentos e a prática administrativa. Aliando-se ao cliente, em muitos casos, ele tem receio de conseqüências irremediáveis, como perder o emprego, por exemplo. Nesse conflito pessoal ele perde a noção de totalidade, justificando problemas e frustrações com o argumento das contradições em que se encontra.

De repente, tem-se a noção de que o termo contradição tudo justifica, mas, igualmente, tudo limita. Ao invés de ser tratado teoricamente na leitura do contexto profissional, o conceito serve ao assistente social para fechar qualquer questão. Dando-lhe ora o significado de antagonismos, ora o significado do impossível de ser explicado, o termo é usado quando fica difícil argumentar logicamente sobre qual a função do assistente social na sociedade de classes. Nessa função realmente desempenhada todas as conotações éticas da profissão se opõem à realidade da prática. Daí que o termo científico "contradição", exaustivamente usado nos escritos reconceituadores — sem, contudo, ser suficientemente teorizado para o serviço social —, adquiriu, na fala dos assistentes sociais, características de senso comum. Qualquer opinião contrária aparece como limitação de conhecimento, ou, pior, como aberração ideológica individual.

A prestação de serviço recebe, no trabalho de Weisshaupt, um tratamento político. Na análise dos depoimentos que declaram haver uma funcionalidade entre o que os assistentes sociais fazem e os efeitos imediatos que alcançam, encontra-se o cerne da reificação através dos serviços: "...todos os elementos característicos da prática institucional ocultam as relações sociais que causam as situações apresentadas atrás de uma intervenção sintomática, isto é, que se situa ao nível dos efeitos. Fazem esquecer também os interesses, às vezes contraditórios, e a relação de poder subjacentes a toda prestação de serviço. . ." (Weisshaupt, 1985: 54). Ainda não foi devidamente clareado para os assistentes sociais que a rede de serviços instalada nas sociedades tem função predominantemente ideológica.[37]

O processo pelo qual os serviços se aperfeiçoam, e se modificam constantemente, tem a ver com a intenção de estabelecer uma linearidade entre os interesses de produção — portanto, administração dos meios para garanti-la — e os interesses da sociedade. "Obviamente, é importante que a isto seja dada uma elevada intenção social e que quanto maior for a produção de bens, maior seja a intenção servida, pois isto permite que o maior número possível de pessoas as identifique com essa função social" (Galbraith, 1968: 179).

Na diabólica montagem para criar essa crença, os serviços têm uma finalidade especial: seus resultados são encontráveis muito mais nas idéias do que nos frutos das ações. O que vale é aquilo em que se acredita. A prática dessa regra é muito mais simples do que parece, notadamente se acompanhada de publicidade. Entender serviço social como um serviço demanda alargar os horizontes de análise para além dos marcos referenciais econômicos, embora reconhecendo os objetivos e os interesses econômicos subjacentes ou aparentes.

No estudo sobre as funções sócio-institucionais do serviço social, a análise rastreia de modo superficial (mas não omite) o que denomina de "caráter institucional da sociedade" (Weisshaupt, 1985: 55). Sem aprofundar, contudo, esse

---

37. Um bom exemplo é o "princípio da coerência", de Galbraith (1968: 174): "A relação entre a sociedade em geral e a organização deve ser coerente com a relação da organização ao indivíduo. Deve haver coerência entre os objetivos da sociedade, da organização e do indivíduo e entre os motivos que levam as organizações e os indivíduos a perseguir esses objetivos".

âmbito de análise, o estudo coloca novos parâmetros para elucidar enigmas dos assistentes sociais.

Assim, a década de 80 acena em direção a novos prismas para a produção teórica dos assistentes sociais.

Duas anotações finais poderiam ser feitas, a título de discussão, para os caminhos da literatura profissional de serviço social. A primeira remete ao próprio conceito de serviço social, emitido desde as origens, sem nunca ter se constituído em objeto de indagações sobre si mesmo. Profissão? Instituição de atendimento de desiguais na sociedade? Prestação de serviço "social" no espaço ilusoriamente público?

A segunda, em que se solicitaria maior ênfase da análise firme da relação entre as investigações e seu objeto. A esse tipo de investigação correspondem outras formas de pesquisa, complementares, que ultrapassam o plano das representações e das idéias.

Não estaria a produção teórica, no passo em que está, engrandecendo as concepções de serviço social em detrimento de manifestações pouco elaboradas, mas concretas (como as formações organizacionais), que determinam o trabalho cotidiano dos assistentes sociais? Em caso negativo, por que não distinguir, para efeitos de análise, o plano (ideológico) do discurso profissional e o plano (real) das atividades efetivas dos profissionais de serviço social?

Conclusões

Pode-se extrair desse estudo as conclusões gerais e finais, ou seja, aquelas que se procurava desde o início. A análise do serviço social como "serviço" — na forma de departamento de serviço nas organizações e como instituição de serviço nas sociedades urbano-industriais — permitiu mergulhar profundamente na textura das relações sociais e nos mecanismos de reificação que a sustenta. Essa experiência permitiu concluir que:

A. Não se confunde serviço com prestação de serviço. Serviço é forma social que cumpre um mecanismo produtivo do capitalismo monopolista e, como objeto de análise, mostra sua especificidade administrativa, sua desfiguração na divisão social do trabalho, e sua função ideológica no mundo burguês.

   As atividades dos assistentes sociais são exercidas em departamentos e instituições de serviço. Essas conformações organizacionais acompanham os movimentos das relações sociais onde estão integradas pelas funções que exercem, e pelas atribuições que lhes são delegadas pelas políticas para o processo produtivo.

B. Nas empresas, os departamentos de serviço social atendem às determinações das políticas internas, realizando funções administrativas, de coordenação, informação e interpretação de diretrizes, influenciando decisões maiores no que tange ao trabalhador. Porém, como todo departamento de serviço, não está diretamente ligado à produção e, no momento em que "cortes estruturais" são levados a efeito para enfrentar crises, o departamento de serviço social de empresa corre o risco de ser eliminado do organograma.

C. Situadas no aparelho estatal, as instituições de serviços social exercem o controle das desigualdades sociais que o processo capitalista em permanente desenvolvimento arrasta consigo. Assistentes sociais administram necessidades, ao invés de resolvê-las, mas isso não decorre de incompetência profissional. A reificação das relações sociais mantém, através das instituições, as representações sobre o real e configuram a parte necessária do real; "são 'sombras', 'reflexos', 'formas invertidas' das relações, processos e estruturas do capitalismo" (Ianni, 1982: 21).

Nesses termos, desenvolve-se nos serviços uma cultura própria, em que a fetichização se realiza pela burocracia e essa atribui a si mesma finalidades próprias como um corpo particular no seio da sociedade. É assim que a eficácia social das instituições não se efetiva, pois o "burocrata faz das metas do Estado a sua meta privada". O assistente social, como qualquer outro profissional de serviço, está atrelado a uma permanente atividade de justificação, na medida em que se encontra entre a miséria humana, instituições geralmente ineficazes, e prescrições éticas de sua categoria profissional.

D. A origem da profissão de assistente social está inscrita no ideário burguês do século XX, que prevê a constituição de uma esfera especial, nem pública, nem privada, mas "social", portanto, destinada a garantir o equilíbrio do sistema capitalista. Nessa esfera, de administração tanto estatal como privada, o profissional de serviço social é o "assistente" necessário e importante para decisões políticas e econômicas. No mundo das organizações e do trabalho, os assistentes sociais conformam os serviços sociais, suporte útil aos governos e aos grupos diretores dos empreendimentos produtivos. Na medida em que o capitalismo avança, a esfera privada dos indivíduos se esvazia e as necessidades básicas, outrora supridas pelas próprias famílias, tornam-se o objeto privilegiado do trabalho do assistente social: consuma-se a assistência aos desiguais, clientela tradicional dos assistentes sociais. Ante o dilema moral que se estabelece pela condição de servir tanto aos poderosos quanto aos oprimidos, alguns assistentes sociais buscam na sua comunidade profissional a vivência como ente comunitário; outros encontram nas instituições em que trabalham o sentimento da "comunidade de interesses" e através dos valores ali construídos estabelecem seus objetivos profissionais.

E. A literatura do serviço social reflete a busca da identidade profissional dos assistentes sociais. O peso da formação profissional, pautada em prescrições éticas, revela-se constante no exame dos textos de diferentes períodos. Analisando-se a produção escrita nas décadas de 70 e 80, nota-se uma prolongada ausência de investigações sobre o trabalho profissional nas formas organizacionais em que esse trabalho é realizado. Tal fato confere certa fragilidade teórica aos textos sobre o serviço social e conduz, inevitavelmente, a concepções substantivamente éticas sobre o "dever-ser" profissional. Os escritos dos anos 70 assumem o teor da opção política e configuram a "visão de mundo" de um grupo de autores latino-americanos forjada nas condições sócio-históricas de alguns países sul-americanos. Esse período, denominado Movimento de Reconceituação Latino-Americano do Serviço Social, influenciou a produção teórica dos profissionais: no fim da década de 70 inicia-se um balanço das proposições para o trabalho dos assistentes sociais e, conseqüentemente, desencadeia-se uma avaliação da profissão e do seu exercício na sociedade capitalista de Terceiro Mundo.

F. No Brasil, a década de 80 se inicia com os assistentes sociais inconformados com as limitações do projeto profissional reconceituado, e tratam de ampliar o conhecimento sobre sua atuação na sociedade. Ainda atrelados à concepção de uma prática autônoma, os textos publicados no Brasil contêm a preocupação com a questão do trabalho institucional, sem, no entanto, percorrerem a trilha que o conceito "serviço" oferece. Por essa razão as análises avançam pouco, na medida em que não desmascaram a utilidade do serviço social na cooperação organizacional e sua função no processo coletivo de trabalho. Em outras palavras, permanece o mito da autonomia do desempenho profissional, como se fosse descolado das relações onde se efetiva.

Destacam-se, nos primeiros anos 80, três grupos de autores que lideram as novas linhas da produção teórica em serviço social: o grupo do Celats, em Lima, no Peru; professores da Pontifícia Universidade Católica de São Paulo; e professores das universidades federais do Nordeste brasileiro. Os trabalhos publicados por esses grupos, em 1985, foram examinados. São três estudos preliminares que podem conduzir a novas perspectivas teóricas para a profissão, desde que dêem condições a pesquisas sobre as condições reais e concretas em que o trabalho do assistente social se realiza.

G. Finalmente, esse estudo faz sugestões para a produção teórica do serviço social. Embora todos os autores examinados reafirmem sempre sua preocupação em realizar uma análise científica da realidade, o que hoje ainda constitui o acervo teórico da profissão limita-se à opções de cunho ético, nas quais estão presentes traços de um corporativismo prejudicial à compreensão plena da realidade profissional.

Cumpre lembrar que no capitalismo monopolista a existência dos serviços não depende dos conteúdos do trabalho que desempenham, mas sim da forma social que adquirem.

Bibliografia

ARENDT, Hannah. *A condição humana.* Rio de Janeiro, Forense-Universitária, 1983.

ALAYÓN, N. *et alii. Desafio al servicio social:* crisis de la reconceptualización? Buenos Aires, Humanitas, 1975.

ALBUQUERQUE, J. A. Guilhon & RIBEIRO, Antonio Elias. *Da assistência à disciplina: o programa de saúde comunitária.* São Paulo, Departamento de Ciências Sociais, FFLCH-USP, 1979 (mimeo.).

ALBUQUERQUE, J. A. Guilhon. *Instituição e poder.* Rio de Janeiro, Graal, 1980.

AMMANN, Safira Bezerra. *Ideologia do desenvolvimento de comunidade no Brasil.* São Paulo, Cortez, 1980.

ANDER-EGG, Ezequiel. *Del ajuste a la transformación:* apuntes para una historia del trabajo social. Buenos Aires, ECRO, 1975.

BARAN, Paul A. & SWEEZY, Paul M. *Capitalismo monopolista:* ensaio sobre a ordem econômica e social americana. (Trad. Waltensir Dutra.) 3.ª ed., Rio de Janeiro, Zahar, 1978.

BENEVIDES, Maria Vitória. A cidadania na sucata: a relação entre transplantes e acidentes do trabalho. *Senhor:* Política, Economia e Negócios, n.º 239, outubro/1985, São Paulo, Editora Três, p. 94-6.

BIESTEK, Félix P. (S. J.) *O relacionamento em serviço social de casos.* (Trad. Mercedes Marchant.) Porto Alegre, PUC-RS, 1960.

BLAU, Peter M. & SCOTT, W. Richard. *Organizações formais:* uma abordagem comparativa. 4.ª ed., São Paulo, Atlas, 1979.

BRAVERMAN, Harry. *Trabalho e capital monopolista:* a degradação do trabalho no século XX. (Trad. Nathanael C. Caixeiro.) 3.ª ed., Rio de Janeiro, Zahar, 1981.

BURSZTYN, Marcel; CHAIN, Arnaldo; LEITÃO, Pedro (Orgs.). *Que crise é esta?* São Paulo, Brasiliense/CNPq, 1984.

CARVALHO, Alba Maria Pinto de. *A questão da transformação e o trabalho social:* uma análise gramsciana. São Paulo, Cortez, 1983.

CELATS. *Serviço social crítico:* problemas e perspectivas. (Trad. José Paulo Netto.) São Paulo, Cortez/Celats, 1985.

CLARK, Maria Angélica Gallardo. *La praxis del trabajo social en una dirección cientifica*/Temas de Trabajo Social/8. Buenos Aires, ECRO, 1973.

COHN, Amélia *et alii. Acidentes do trabalho, uma forma de violência.* São Paulo, CEDEC/Brasiliense, 1985a.

————. *Instituição e indivíduo:* reprodução e representação. Um estudo de caso do Centro de Reabilitação Profissional (Relatório final). CEDEC/ANPOCS, 1985b.

COVRE, Maria de Lourdes Manzini. Capital monopolista: da cidadania que não temos à invenção democrática. *In: A cidadania que não temos.* São Paulo, Brasiliense, 1986, p. 161-88.

CROZIER, Michel. *O fenômeno burocrático.* Ensaio sobre as tendências burocráticas dos sistemas de organização modernos e suas relações, na França, com o sistema social e cultural. Brasília, Editora Universidade de Brasília, 1981.

DOWBOR, Ladislau. Crise: raízes internacionais e dinâmica interna. *In: Que crise é esta?* São Paulo, Brasiliense/CNPq, 1984, p. 136-75.

DRUCKER, Peter F. *Administração, tarefas, responsabilidades, práticas.* São Paulo, Pioneira, 1975.

EISENSTADT, S. N. Burocracia, burocratização e desburocratização. *In:* CAMPOS, Edmundo (org.). *Sociologia da burocracia,* Rio de Janeiro, Zahar, 1978, p. 81-92.

ETZIONI, Amitai. *Organizações modernas.* São Paulo, Pioneira, 1974.

FALEIROS, Vicente de Paula. Espaço institucional e espaço profissional. *Serviço Social & Sociedade,* n.º 1, São Paulo, Cortez, 1979.

————. *O saber profissional e o poder institucional.* São Paulo, Cortez, 1985.

FERREIRA, Iraydes Moesia. *Reabilitação profissional e o serviço social.* São Paulo, Cortez, 1985.

FRIEDMANN, Georges. Introdução e metodologia. *In:* FRIEDMANN, G. & NAVILLE, P. *Tratado de sociologia do trabalho.* São Paulo, Cultrix, 1973, v. 1, p. 19-44.

FOURASTIÉ, Jean. A distribuição da mão-de-obra. *In:* FRIEDMANN, Georges & NAVILLE, Pierre. *Tratado de sociologia do trabalho.* São Paulo, Cultrix, 1973, v. 1, p. 243-82.

GALBRAITH, John Kenneth. *O novo Estado industrial.* Rio de Janeiro, Civilização Brasileira, 1968.

GIANNOTTI, José Artur. *Trabalho e reflexão:* ensaios para uma dialética da sociabilidade. São Paulo, Brasiliense, 1983.

GOLDMANN, Lucien. *Dialética e cultura.* 2.ª ed., Rio de Janeiro, Paz e Terra, 1979.

GORZ, André. O despotismo de fábrica e suas conseqüências. *In: Crítica da divisão do trabalho.* (Trad. Estela dos Santos Abreu.) São Paulo, Martins Fontes, 1980, p. 79-90.

————. Técnica, técnicos e luta de classes. *In: Crítica da divisão do trabalho.* (Trad. Estela dos Santos Abreu.) São Paulo, Martins Fontes, 1980, p. 211-48.

HABERMAS, Jürgen. *Mudança estrutural da esfera pública.* Rio de Janeiro, Tempo Brasileiro, 1984.

HELLER, Agnes. *O cotidiano e a história.* Rio de Janeiro, Paz e Terra, 1972.

IAMAMOTO, Marilda & CARVALHO, Raul de. *Relações sociais e serviço social no Brasil:* esboço de uma interpretação histórico-metodológica. São Paulo, Cortez/Lima-Peru, Celats, 1982.

IANNI, Octávio. *O colapso do populismo no Brasil.* 3.ª ed., Rio de Janeiro, Civilização Brasileira, 1975.

————. *Dialética e capitalismo.* Petrópolis, Vozes, 1982.

IL MANIFESTO. Para contestar o papel dos dirigentes técnicos. *In: Crítica da divisão do trabalho.* (Trad. Estela dos Santos Abreu.) São Paulo, Martins Fontes, 1980, p. 167-92.

KAHN, Alfred J. (Org.) *Reformulação do serviço social.* Rio de Janeiro, Agir, 1984.

KARSCH, Ursula M. Simon. Serviço social: uma categoria histórica? *Serviço Social & Sociedade,* n.º 13, São Paulo, Cortez, 1983, p. 37-61.

KOONTZ, Harold & O'DONNELL, Cyril. *Princípios de administração:* uma análise das funções administrativas. 9.ª ed., São Paulo, Pioneira, 1974.

LEFEBVRE, Henri. A noção de totalidade nas ciências sociais. *In: Materialismo dialéctico e sociologia.* Lisboa, Ed. Presença, s.d., p. 33-64.

LEFORT, Claude. O que é burocracia? *In: A burocracia.* Lisboa, Socicultur, 1976, p. 253-301.

LIMA, Maria Helena de Almeida. *Serviço social e sociedade brasileira.* 2.ª ed., São Paulo, Cortez, 1984.

LOPES, Josefa Batista. *Objeto e especificidade do serviço social:* o pensamento latino-americano. São Paulo, Cortez & Moraes, 1979.

LUKÁCS, George. *História e consciência de classe.* Porto, Biblioteca Ciência e Sociedade, Publicações Escorpião 11, 1974.

MAGALHÃES, Leila Vello. *Metodologia do serviço social na América Latina.* São Paulo, Cortez, 1982.

MAGUINÃ, Alejandro. Acerca de las protoformas del servicio social. *Acción Crítica,* n.º 11, Lima-Peru, Celats/Alaets, 1982, p. 30-9.

———. Trabajo social: servicio o actividad productiva? *Acción Crítica*, n.º 3, Lima/Peru, Celats/Alaets, 1977, p. 17-26.

MANCINI, Luis Carlos. Panorama do serviço social. *Serviço Social* (doutrinário, técnico, informativo), n.º 13, São Paulo, janeiro de 1940a, p. 2-3.

———. Vocação e profissão. *Serviço Social* (doutrinário, técnico, informativo), n.º 19, São Paulo, julho de 1940b, p. 2 e 6.

MANNHEIM, Karl. *O homem e a sociedade.* (Trad. Waltensir Dutra.) Rio de Janeiro, Zahar, 1962.

MARTINELLI, Maria Lúcia. *Modelos de ensino de serviço social:* uma análise crítica. São Paulo, Cortez, 1978.

MARX, Karl. *O capital* (Crítica da Economia Política), Livro Primeiro: *O Processo de Produção do Capital.* 7.ª ed., São Paulo, Difel, 1982.

———. *Capítulo inédito d'O capital.* Porto, Biblioteca Ciência e Sociedade, Publicações Escorpião 12, 1975.

MERTON, Robert K. *Sociologia:* teoria e estrutura. São Paulo, Mestre Jou, 1970.

MÉSZÁROS, István. *Marx:* a teoria da alienação. Rio de Janeiro, Zahar, 1981.

MILLS, C. Wright. *A nova classe média.* Rio de Janeiro, Jahar, 1979.

MORIN, Edgar *et alii. A burocracia.* Lisboa, Sociocultur, 1976.

MOTA, Ana Elizabete da. *O feitiço da ajuda:* as determinações do serviço social na empresa. São Paulo, Cortez, 1985.

MOTTA, Fernando Prestes. *Burocracia e autogestão* (a proposta de Proudhon). São Paulo, Brasiliense, 1981.

NAPOLEONI, Cláudio. *Lições sobre o capítulo VI (Inédito) de Marx.* São Paulo, Ciências Humanas, 1981.

NAVILLE, Pierre. População ativa e teoria do emprego. *In:* FRIEDMANN, G. & NAVILLE, P. *Tratado de sociologia do trabalho.* São Paulo, Cultrix, v. 1, 1973, p. 167-202.

NEWMANN, William H. *Ação administrativa:* as técnicas de organização e gerência. 3.ª ed., São Paulo, Atlas, 1970.

OLIVEIRA, Francisco de. O terciário e a divisão social do trabalho. *Estudos CEBRAP,* n.º 24, São Paulo, CEBRAP, s.d., p. 137-68.

PAULO NETTO, José. *Capitalismo e reificação.* São Paulo, Ciências Humanas, 1981.

————. La crisis del proceso de reconceptualización del servicio social. *In: Desafío al servicio social.* Buenos Aires, Humanitas, 1975, p. 85-105.

PINTO, Rosa Maria Ferreiro. *Política educacional e serviço social.* São Paulo, Cortez, 1986.

REYMÃO, Eunice. *As atribuições profissionais do assistente social.* São Paulo, Loyola e Cortez & Moraes, 1976.

RICHMOND, Mary. *Diagnóstico social.* (Trad. José Alberto de Farias.) Lisboa, Instituto Superior de Higiene Dr. Ricardo Jorge, 1950.

SANTOS, Leila Lima. *Textos de serviço social.* São Paulo, Cortez, 1982.

SARTRE, Jean Paul. *O existencialismo é um humanismo.* (Trad. Vergílio Ferreira.), 4.ª ed., Lisboa, Editorial Presença, 1978.

SERRA, Rose Mary Sousa. *A prática institucionalizada do serviço social.* São Paulo, Cortez, 1982.

SILVA, Maria de Guadalupe. *Ideologias e serviço social.* São Paulo, Cortez, 1982.

SINGER, Paul. *A crise do "milagre".* 4.ª ed., Rio de Janeiro, Paz e Terra, 1978.

————. A economia dos serviços. *Estudos CEBRAP,* n.º 24, São Paulo, CEBRAP, s.d., p. 127-35.

SOUSA, Horácio Ribeiro de. Institucionalismo: a perdição das instituições. *Temas IMESC — Sociedade, Direito, Saúde,* 1 (1), São Paulo, 1984, p. 13-24.

SOUZA, Maria Luiza de. *Questões teórico-práticas do serviço social.* São Paulo, Cortez & Moraes, 1979.

———. *Serviço social e instituição:* a questão da participação. São Paulo, Cortez, 1982.

SPOSATI, Aldaíza *et alii. A assistência na trajetória das políticas sociais brasileiras:* uma questão em análise. São Paulo, Cortez, 1985.

SUPLEMENTO DE DEBATES SOCIAIS. *Funções do serviço social* (continuação dos estudos de Teresópolis), suplemento n.º 5. Rio de Janeiro, CBCISS, dezembro de 1971.

VIEIRA, Evaldo Amaro. *Autoritarismo e corporativismo no Brasil:* Oliveira Vianna e companhia. 2.ª ed., São Paulo, Cortez, 1981.

WEBER, Max. *Ensaios de sociologia.* Rio de Janeiro, Zahar, 1979.

WEISSHAUPT, Jean Robert (Org.). *As funções sócio-institucionais do serviço social.* São Paulo, Cortez, 1985.

YASBEK, Maria Carmelita. *Estudo da evolução histórica da Escola de Serviço Social de São Paulo — 1936/1945.* Dissertação de mestrado em Serviço Social, PUC-SP, 1977 (mimeo.).

Documentos

CONSELHO FEDERAL DE ASSISTENTES SOCIAIS — CFAS, *Código de ética profissional do assistente social,* 1975.

EMPRESA "X": *Manual do empregado,* 1979.

EXAME, Edição especial. *Melhores e maiores.* São Paulo, abril a setembro de 1985, p. 307.

INPS — Secretaria de Bem-Estar/Coordenação de Reabilitação Profissional. *Diretrizes da atuação do assistente social dos CRPs,* 1977.

MINISTÉRIO DA PREVIDÊNCIA E ASSISTÊNCIA SOCIAL (MPAS); Instituto Nacional de Previdência Social (INPS); *Normas de Reabilitação Profissional,* Secretaria de Bem-Estar, vs. I e II, s.d.

E.PARMA
Impresso nas oficinas da
EDITORA PARMA LTDA.
Telefone: (011) 912-7822
Av. Antonio Bardella, 280
Guarulhos - São Paulo - Brasil
Com filmes fornecidos pelo editor